Dr Yves Quennevlle
Dr Natasha Dufour

vivre avec
un proche
gravement malade

Bayard
CANADA

Dépôt légal : 2ᵉ trimestre 2008
Bibliothèque nationale du Canada
Bibliothèque nationale du Québec

ISBN : 978-2-89579-172-0

Les données de catalogage sont disponibles
à Bibliothèque et Archives Canada
www.collectionscanada.ca

Éditeur : Jean-François Bouchard
Directrice de la collection : Lucie Côté
Réviseur : Paul-André Giguère
Couverture et mise en page : Mardigrafe
Photo des auteurs : © 2008, Claire Beaugrand-Champagne
Conseiller scientifique : Dʳ Pierre Doucet, psychiatre

Bayard Canada Livres
4475, rue Frontenac
Montréal (Québec) H2H 2S2
Canada

Nous reconnaissons l'aide financière du gouvernement du Canada
par l'entremise du Programme d'aide au développement
de l'industrie de l'édition (Padié) pour nos activités d'édition.

Bayard Canada Livres remercie le Conseil des Arts du Canada
du soutien accordé à son programme d'édition dans le cadre
du Programme de subventions globales aux éditeurs.

Cet ouvrage a été publié avec le soutien de la SODEC.
Gouvernement du Québec – Programme de crédit d'impôt
pour l'édition de livres – Gestion SODEC.

Imprimé au Canada

Ce livre a été écrit à quatre mains. Nous avons choisi d'utiliser le « je » parce que nous avons à peu de choses près les mêmes opinions sur les sujets abordés ici. Donc, « je » m'adresserai à vous tout du long comme si vous étiez dans mon bureau ou dans une chambre de l'hôpital.

Les histoires relatées ici sont abrégées mais vraies. Les noms et certains détails ont été modifiés pour préserver l'anonymat des personnes concernées.

Ceci n'est pas un livre de recettes. Il n'y a pas de recette en ce domaine. Je pense et crois fermement que chaque maladie est différente, chaque personne malade aussi. Les réactions de chacune sont uniques, qu'il s'agisse de la personne malade elle-même ou qu'il s'agisse de vous, les personnes qui composent son entourage.

Je m'en voudrais si vous voyiez dans ces écrits des conseils, des recettes qu'il faut absolument suivre. Je m'en voudrais si vous y trouviez des généralisations. Cela n'est pas mon objectif. Par contre, ne vous étonnez pas si, d'un chapire à l'autre, certains énoncés sont répétés. Ces redondances sont volontaires, comme le seraient des soulignements.

Je souhaite que vous lisiez ce livre comme si je vous parlais directement. Je l'ai écrit comme si je venais de vous entendre me poser des questions sur ce qui arrive en espérant quand même vous aider, en vous laissant tout l'espace que vous voulez pour adapter son contenu à votre situation particulière et en évitant délibérément d'être absolument brillant et pointu. C'est pour cela que vous ne trouverez pas réponse à toutes vos questions. Je laisse cela à d'autres qui se posent comme guides, qui ont toutes les réponses et qui écrivent des livres de recettes.

J'aimerais que ce livre soit un compagnon de route.

L'auteur à deux têtes

Chers auteurs de ce livre,

J'ai d'abord accepté avec enthousiasme votre invitation
à écrire la préface de votre livre. J'ai ensuite hésité
et regretté d'avoir accepté : jusqu'à ce que je termine
la lecture du premier chapitre de votre « œuvre à
quatre mains ». J'ai alors ressenti un grand sentiment
d'apaisement et de reconnaissance.

Comme lorsqu'on participe à un échange, à une
conversation toute en douceur ; lorsqu'on s'aperçoit
qu'on est compris et que l'interlocuteur ou l'auteur
devine ce qu'on ressent, ce qu'on vit.

J'ai revécu à votre contact les étapes de mon expérience
de malade, du diagnostic à la fin des traitements et
à l'annonce que le cancer est en rémission : peurs,
déceptions, doutes, inquiétudes, réveils matinaux
aux prises avec l'appréhension de la mort.

Je pense aussi à ces moments de réconfort, de
réassurance, d'empathie et de compétence partagés
avec des professionnels extraordinaires qui se sont
occupés de moi et de mes proches.

Je revois les gens croisés dans les salles de traitements,
dans les salles d'attente ; qui devaient comme moi
s'appuyer sur un conjoint, une conjointe, un parent
ou un ami, pour les accompagner dans leur
« pèlerinage de malade ».

Je me rappelle les conversations avec eux, nos échanges sur notre quotidien, sur nos visites médicales, sur la douleur, l'absence d'appétit, l'insomnie.

Je pense à tous les amis, les collègues, les proches qui ont eu la patience de m'écouter, de me soutenir dans les moments plus sombres et aussi de se réjouir avec moi des résultats des traitements.

Je pense à mes patients qui m'ont parfois servi d'exemple, qui m'ont accompagné et encouragé de bien des manières, qui ont eux aussi l'expérience d'avoir attendu avec impatience, des résultats d'examens, la fin de traitements difficiles et exigeants. Au contact de la maladie, j'apprends sur la manière d'être médecin.

Votre livre en ce sens permet d'enrichir cet apprentissage grâce aux observations et aux réflexions qui proviennent de votre expérience clinique.

Il accompagne aussi le lecteur à la recherche d'un équilibre et décrit avec justesse les différents scénarios de vie auxquels il doit s'attendre sans toutefois tomber dans la tentation de « donner la bonne réponse ».

Merci pour ce généreux partage et pour votre grande écoute : vous nous démontrez combien vous nous avez compris.

Marquis Fortin, MD

PREMIÈRE PARTIE
Quand survient une maladie grave

DEUXIÈME PARTIE

Quand la maladie est plus forte que les traitements

PREMIÈRE PARTIE
QUAND SURVIENT UNE MALADIE GRAVE

chapitre 1

Le diagnostic

Vous venez d'apprendre qu'un être cher est malade. Et c'est sérieux. Il s'agit d'une de ces maladies qui ont mauvaise réputation dans les familles, les journaux, les médias. Ce genre de maladie dont vous savez qu'on peut mourir. Je me doute bien que comme cette personne que vous aimez, vous vous dites : « Va-t-elle mourir ? » Ou pire encore : « Elle va mourir, c'est le début de la fin. » En tout cas, vous sentez qu'une menace importante plane au-dessus de sa vie, et que celle-ci ne sera plus vraiment jamais la même. Vous êtes inquiet, vous vous demandez quoi faire, quoi dire, comment agir. Vous aimeriez savoir déjà comment lire ses besoins, la réconforter. En fait, vous voulez l'aider mais vous avez peur de commettre des erreurs.

D'entrée de jeu, je vous dirai que votre réaction ne me surprend pas du tout. Je l'ai vue et entendue des milliers de fois. Cela dit, je pense que je peux vous aider, vous donner quelques

La personne aimée, le proche, dont je parle, c'est qui ?

Conjoint, conjointe, père, mère, fille, fils, grand-maman, grand-papa. Et aussi, selon l'intensité de l'attachement, ça peut être : ami, amie, ex-épouse, ex-époux, collègue de travail.

indications pour communiquer avec votre cœur, votre corps, votre instinct, à vous adapter au jour le jour à la situation et à vous préparer à ce qui va suivre.

Avant de recevoir ce diagnostic qui change tout et qui arrive comme un coup de tonnerre dans un ciel bleu, cette personne que vous chérissez et qui vous tient à cœur avait déjà des inquiétudes au sujet de sa santé. Les médecins appellent cela des symptômes : douleurs, malaises, faiblesse, engourdissements, fatigue ou apparition d'une bosse. N'importe lequel d'entre nous, devant un changement important du fonctionnement de son corps, se demandera ce qui se passe. Ensuite, certains vont rapidement consulter. D'autres, à l'inverse, gardent le secret et attendent que ça passe et, si ça ne passe pas, consultent. Pendant tout ce temps, on est préoccupé. C'est ce qui arrive à la plupart d'entre nous et c'est peut-être ce qui est arrivé à cette personne aimée.

Après la première visite médicale, viennent les examens de laboratoire, les radiographies, les scans. Évidemment, plus les examens sont complexes et poussés, plus on se doute qu'il ne s'agit pas d'un simple rhume de cerveau. En ce sens, pour vous comme pour moi, le nombre et l'intensité des investigations sont porteurs d'un sous-entendu : « ça pourrait être grave. » Ici encore, l'anxiété, l'inquiétude et la peur sont présentes. L'attente des résultats de l'investigation médicale qui, sauf exception, ne sont pas immédiats, a pu être difficile, voire insoutenable, pour votre proche, comme elle l'est pour la plupart des gens. Rappelons-nous simplement que nous aimons tous croire, même si cela est improbable, que nous vivrons toujours en santé et que nous ne serons jamais malades. Les autres, oui. Pas nous. Et quand on attend des résultats d'une longue investigation, un doute s'insère tout à coup, insidieusement : « et si moi aussi, je faisais partie des "autres", ceux qui seront malades? » Avouons que cela est, en soi, inquiétant. Et ce diagnostic qui n'est toujours pas précisé! Il y a vraiment de quoi se faire du mauvais sang et penser au pire. Pourtant, je vous mentirais si j'affirmais que tout le monde est inquiet et envisage le pire durant l'investigation et l'attente du diagnostic. Certaines personnes, en raison de leur nature ou de leur caractère, auront tendance à être moins préoccupées que d'autres ou alors, à mieux réprimer ou cacher leur inquiétude. Tout ceci se passe avant que le diagnostic ne soit connu.

Vous, qui êtes proche de cette personne, vous vous demandez comment vous pouvez aider. Tout du long de ce livre, je vous le dirai à répétition : ce qui importe le plus, c'est votre présence. D'abord, et simplement, votre présence physique aux rendez-vous et aux examens importants ou difficiles. Pourquoi? Eh bien,

> Plus les examens sont complexes et poussés, plus on se doute qu'il ne s'agit pas d'un simple rhume de cerveau.

un proche gravement malade

lorsque le ou les médecins transmettent des résultats, des informations, la situation est souvent génératrice d'appréhension et d'anxiété chez le patient. Les médecins, malheureusement, ne sont pas tous habiles à communiquer ou vulgariser clairement. Ils ont parfois du mal à traduire d'une manière accessible leur jargon spécialisé. De sorte que quatre oreilles ne sont pas de trop pour entendre et deux cerveaux pour comprendre clairement et retenir ce qui se dit dans le bureau du médecin. Les médecins, du reste, ne s'opposent jamais à la présence d'une tierce personne. L'effet bénéfique de votre présence est de faire en sorte que vous soyez deux à recevoir la même information, ce qui permettra de corriger les perceptions inexactes et garantira éventuellement une meilleure compréhension et une meilleure adhésion au plan de traitement. D'une certaine façon, vous devenez, pour votre proche, un partenaire dans tout ce qui arrivera ensuite.

Ensuite, votre présence morale. Et ici, nous entrons dans un domaine délicat, c'est vrai ; mais rassurez-vous : l'amour que vous portez à cette personne vous aidera grandement à trouver des moyens. Vous qui évoluez auprès de cet être cher depuis des mois, des années, qui le connaissez peut-être sous toutes ses coutures ou presque, dites-vous qu'il n'y a pas de meilleur expert que celui qui vit la situation et que, par conséquent, vous serez probablement le meilleur accompagnant, l'accompagnant naturel.

J'ose avancer que vous êtes naturellement « thérapeutique », que vous pouvez partager, alléger, atténuer l'anxiété et l'inquiétude du malade. Nous y reviendrons. Pour l'instant, rappelons-nous que nous en sommes toujours à la phase où une rencontre médicale ou deux ont eu lieu, des examens de laboratoire et de radiologie ont été faits, une machinerie impressionnante et intimidante a été activée et le moment est venu d'obtenir les résultats. C'est le moment que tous et chacun de nous redoutons. Les résultats seront-ils bons? Mauvais? Il y a de quoi, surtout après une aussi longue investigation et de si nombreux examens, être soucieux et mal dormir. Si les résultats sont favorables, la tension tombe souvent immédiatement.

Dans le cas contraire, le médecin va laisser tomber des mots comme : « tumeur maligne, cancer, VIH, sclérose en plaques, insuffisance rénale ». Peu importent les mots, ils vont frapper comme un véritable coup de poing celui qui reçoit un diagnostic de ce genre. Sa vie prend subitement une tout autre tournure. Aux sentiments de peur, d'appréhension, d'angoisse et d'inquiétude vient s'ajouter le sentiment, beaucoup plus douloureux qu'on veut le croire, que le contrôle de sa vie vient de nous échapper. Je reviendrai ailleurs sur l'importance qu'a, pour chacun d'entre nous, le sentiment d'être en contrôle de sa vie, même si cette emprise sur nos vies n'est que partielle et, reconnaissons-le, bien illusoire.

> Une présence attentive permet de partager, alléger, atténuer l'anxiété et l'inquiétude du malade.

15

Quelles sont ces maladies qui ont mauvaise réputation, qui sont menaçantes ou réputées mortelles ?

Certains cancers, VIH-sida, insuffisance rénale chronique et rein artificiel, insuffisance hépatique, cirrhose du foie, sclérose latérale amyotrophique, sclérose en plaques, Parkinson avancé, lupus érythémateux, sclérodermie, maladie pulmonaire obstructive chronique, maladie d'Alzheimer et démences de l'âge avancé, insuffisance cardiaque avancée, diabète compliqué. Je suis conscient que la liste est incomplète.

Vous aurez par ailleurs compris que ces maladies sont différentes les unes des autres : elles n'évoluent pas au même rythme et n'entraînent pas les mêmes répercussions physiques et psychologiques.

Mais revenons à ce qui se passe dans le bureau de ce médecin qui vient de poser un diagnostic de maladie sérieuse et de révéler le nom de cette étrangère, menaçante pour l'intégrité du corps, capable de raccourcir la durée de la vie et qui a, dans l'esprit populaire, la réputation d'être fatale.

Ne vous surprenez d'aucune des réactions que la personne que vous accompagnez pourrait avoir sur le coup et dans les heures ou les jours qui suivent. La gamme des réactions est et restera infiniment variable, pas toujours prévisible ni compréhensible. Ce serait mentir de vous annoncer les choses autrement. Dans le bureau du médecin, des questions surgiront : « Êtes-vous certain, docteur? Y a-t-il possibilité d'erreur? Les traitements que vous proposez sont-ils efficaces? Vais-je mourir? Dans combien de temps? » Il y aura beaucoup d'inquiétude dans l'air. Vous, qui accompagnez, essayez de bien écouter ce qui est dit. Exactement. Mieux, prenez des notes. Cela vaut pour ce jour-là et pour les visites suivantes. Sachez que pour la plupart des médecins que je connais, un bon partenariat, une bonne alliance avec le patient commencent et se fondent sur une information bien comprise sur la maladie, les examens et les traitements. Et comme ce jour-là et pour les heures et les jours qui suivent le diagnostic, il peut arriver que s'installe dans la tête du patient une sorte de bourdonnement émotif qui lui fait perdre ou mal comprendre une partie, voire la majorité, de l'information transmise par le médecin, votre présence est d'autant plus importante.

Au sortir de ce rendez-vous, vous voudrez éventuellement vérifier si le patient nouvellement diagnostiqué a vraiment compris la même chose que vous. Vous pourrez ainsi mieux saisir sa réaction émotive. Nous y sommes.

Et vous? Puisque c'est à vous que ce livre s'adresse, comment réagissez-vous à ce diagnostic qui vient de tomber sur la personne que vous chérissez? Que pensez-vous de votre propre réaction? Ensuite, comment réagissez-vous à la réaction de l'autre, qui est touché par la maladie?

Il est bien possible que vous aussi ayez été désemparé, secoué et angoissé par les mots que le médecin a prononcés dans son bureau. C'est normal, car l'amour et l'attachement que vous portez à l'autre personne font en sorte qu'elle fait un peu partie de vous et, d'une certaine façon, de ce qui vous définit. Comme je le dis souvent en conférence : « quand un organe du corps est malade, c'est

**Variantes
de réactions au
diagnostic chez
la personne
malade**

· silence, sidération,
  mutisme, doute,
  négation
· anxiété, peurs, pleurs,
  tristesse, colère
· repli sur soi
· positivisme, optimisme,
  combativité, désir de
  guérison
· irritabilité

tout le corps qui est atteint et toute la personne… ; de même quand un membre d'un couple ou d'une famille est malade, il n'est pas surprenant que tout le couple ou toute la famille soit atteint. » Il est hautement improbable, si l'affection, l'attachement et l'amour sont là, que la maladie de l'autre ne vous touche pas. Votre relation a ses particularités, comme chacun des participants à cette relation a sa particularité. Par conséquent, la complémentarité de chacun dans cette relation, qu'elle soit de couple ou de famille, fonctionne d'une manière qui lui est propre et vise à maintenir l'équilibre, l'harmonie de ces systèmes que sont le couple et la famille. Donc, j'y reviens : la maladie grave menace et ébranle cet équilibre habituel. Et vous êtes là-dedans.

En conséquence, je ne serais pas du tout surpris que vous aussi soyez atteint, même si vous n'êtes pas la personne qui a la maladie. C'est bien normal. Si vous ressentez vous aussi de l'anxiété, de la peur, comme la peur de vous effondrer ou la peur de perdre l'autre, de la colère (« *pourquoi nous ?* »), de l'inquiétude, de l'insécurité, de la tristesse, cela n'est pas du tout surprenant. Au contraire, cela indique l'importance que vous accordez à l'autre, malade, et à l'unité du couple ou de la famille que vous formez. Il se peut même que vous ressentiez de la colère, de la culpabilité envers la personne malade. La plupart du temps, ce sont là des sentiments fugaces mais, en tout cas, vous aussi avez droit de réagir, à votre manière.

Formulons tout de même le souhait, ainsi que nous l'avons établi dans les premières lignes de ce livre, que vous puissiez trouver le moyen de vivre avec cette personne que vous aimez et que vous souhaitez aider, au mieux de votre compétence et de vos disponibilités. On peut affirmer que vous êtes déjà au moins deux à réagir.

Je crois qu'il est essentiel de vous prévenir maintenant de deux écueils possibles : l'emmurement dans le silence et la présomption que, si on « parle de ça », l'autre étant devenu trop fragile et trop vulnérable, ça va faire des dégâts. Faux! Les personnes concernées, les proches autant que le malade récemment diagnostiqué, gagnent à partager leurs émotions.

Exemples

« *Elle a déjà fait une dépression et j'ai peur que si on parle de ça, elle retombe en dépression.* »

« *Comme il n'en parle pas, cela veut dire qu'il ne veut pas en parler.* »

« *Je n'ose pas pleurer devant lui, il va se sentir responsable.* »

Ces phrases-là, je les ai si souvent entendues! Je sais qu'elles partent toutes de bonnes intentions. Qui, en effet aurait envie de faire plus

Prenez des notes. Pour la plupart des médecins, un bon partenariat, une bonne alliance avec le patient commencent et se fondent sur une information bien comprise sur la maladie, les examens et les traitements.

un proche gravement malade

19

mal à quelqu'un qui va déjà mal? En revanche, comment pouvons-nous présumer de la réaction de l'autre si nous ne posons pas au moins deux ou trois questions avant? « Qu'est-ce que tu as retenu de ce que le médecin nous a dit? Comment te sens-tu? Veux-tu que nous en parlions? » Et puis : « tu sais que je tiens à toi et que moi aussi, ce qui t'arrive maintenant, ça me touche, ça me fait quelque chose, et je suis prêt à en parler avec toi. Veux-tu qu'on essaie? Et si c'est trop pénible, dis-moi, on arrêtera et on reprendra plus tard. Je suis là pour toi. » Rappelons-nous que les choses qui restent non dites et qui tournent dans nos têtes sans être partagées prennent souvent des proportions pires que la réalité elle-même.

Cela ne veut pas dire qu'il faille, au sortir de ce rendez-vous qui annonçait le diagnostic maintenant connu, s'en parler à toutes les fois qu'on s'adresse l'un à l'autre dans les heures et les jours qui suivent. Bien sûr que non. Ce serait impossible à supporter. Il faut tendre à trouver les bonnes occasions de partage des émotions et des informations, se montrer ouvert et disponible, surtout si on décèle un signal de détresse. Cela suppose une antenne sensible aux émotions de l'autre, une confiance raisonnable en sa propre valeur humaine et en ses moyens, tout en acceptant d'être limité et faillible. Ainsi, il faut reconnaître qu'il est impossible d'être toujours efficace, et se pardonner de ne pas faire exactement « comme dans le livre »

– tout simplement parce que c'est irréaliste et que ce n'est pas l'objectif que nous visons. J'insiste là-dessus, car le mur de la solitude et de l'intimité de chaque être humain, tous tant que nous sommes, ne peut, et ne doit pas, être entièrement percé ou franchi. Il est donc possible et acceptable que tout ne puisse pas être partagé. Mais il est indésirable que rien ne soit partagé.

Vous venez donc d'apprendre que cette personne qui vous tient à cœur a reçu un diagnostic qui fait planer un gros nuage d'inquiétude et d'incertitude. Vous êtes tous les deux « sonnés » et vous attendez la suite. Que va-t-il se passer ensuite ? Y a-t-il des traitements efficaces ? Est-ce que ça va guérir ? En combien de temps ? Vous savez maintenant tous les deux que cette étape de l'investigation conduisant au diagnostic est devenue la porte d'entrée dans le système de soins. Pour le malade, qui jusque là avait le sentiment, face à sa vie, d'être au poste de pilotage et d'être bien en contrôle des opérations, cela marque un retournement majeur. Sa vie a basculé et c'est quelqu'un d'autre qui prend les commandes de sa vie. C'est là une sensation fort désagréable qui vous affecte vous aussi. Sa vie, et votre vie, entrent dans une nouvelle dimension : celle de la maladie et de traitements qui risquent de durer plus longtemps que quiconque pourrait le désirer.

> Il est possible et acceptable que tout ne puisse pas être partagé. Mais il est indésirable que rien ne soit partagé.

chapitre 2

La prise en charge

Depuis que le diagnostic de cette maladie a été posé, plusieurs questions surgissent, alors que la personne malade en est au début du long parcours des traitements, des visites à l'hôpital, des examens dits de « contrôle », voire des hospitalisations. Hormis les questions que je soulevais à la fin du précédent chapitre, il en est une que le malade se pose presque invariablement : « Quel est le sens de cette maladie ? Que signifie-t-elle dans cette vie qui est la mienne jusque-là ? »

Il importe que je discute avec vous cette question, parce que le malade se la pose, et parce que vous vous l'êtes sans doute posée vous aussi. Pour certaines personnes, en effet, il importe de trouver un sens à la maladie. Cette quête de sens, légitime, peut en revanche être très laborieuse, culpabilisante et parfois stérile. Pour d'aucuns, par exemple, la maladie est une punition pour quelque chose qui a été fait dans le passé ou encore, pour quelque chose qui aurait dû être fait et ne l'a pas été. Malheureusement, il y a des gens qui véhiculent encore ce concept, un peu simpliste je crois, selon lequel on est soi-même responsable de la survenue d'une maladie (je pense au cancer en particulier). En d'autres termes, on entend des gens dire que si la maladie arrive, c'est parce qu'on a subi un traumatisme, une perte, ou parce qu'on l'a inconsciemment souhaitée. En conséquence, il faut retrouver la source de cette maladie dans les événements passés pour pouvoir ensuite reprendre la responsabilité de sa guérison. Énorme!

J'affirme qu'il s'agit là d'une vision très simpliste des mécanismes de production de la maladie et de ses causes. Pour la plupart des maladies qui sont graves et durent longtemps, donc chroniques, les causes ne sont pas uniques. La pensée linéaire, qui dirait par exemple qu'un microbe cause une infection qui sera guérie par un antibiotique, ne peut pas s'appliquer ici. Nous devons penser en termes de causes multifactorielles, et si les incidences psychologiques font partie de ces causes, rappelons-nous qu'elles ne peuvent, à elles seules, constituer une explication suffisante à l'émergence de la maladie.

En clair, tant mieux si la recherche ou la découverte d'un sens à la maladie aident une personne à mieux traverser l'épreuve. Cependant, évitons de creuser sans répit à la recherche d'une cause ou d'un sens qui n'existe peut-être pas. Il se peut bien que la maladie, pour plusieurs, n'ait pas de sens. Cette phrase aussi, nous l'entendons souvent : « Docteur, ça n'a pas de sens, ce qui m'arrive. » Et ça aussi c'est tout vrai. En cours de route, nous reviendrons sur certaines de ces questions.

S'amorce avec la personne malade, un voyage dont nul ne connaît la durée, ni la destination, ni les étapes, ni les détours, ni les risques.

Mais pour l'heure, s'amorce avec la personne malade, un voyage dont nul ne connaît la durée, ni la destination, ni les étapes, ni les détours, ni les risques. On souhaite que tout aille bien, mais on ne sait pas avec certitude. Je reconnais avec vous que de commencer ainsi n'est en rien sécurisant, même si vous avez bonne confiance que les médecins savent ce qu'ils font.

Commençons par une première possibilité. La personne qui vous tient à cœur, dès le début de sa maladie, doit être hospitalisée, personne ne sait pour combien de temps. Or, vous travaillez. Il y a la maison, les enfants, le train-train quotidien, les charges, et ça, par-dessus le marché! Vous en avez plein les bras. Le système ne va pas fonctionner comme avant. La répartition des tâches ne sera plus la même. Vous devez vous réorganiser. Et vous pensez que vous n'y arriverez pas.

André, le mari de Brigitte vient tout juste d'avoir 50 ans, année charnière pour lui. Il vient tout juste aussi d'apprendre que sa fatigue extrême qui ne se passait pas était, en fait, la manifestation d'un cancer. Il ne s'y attendait pas. Pas à son âge. Il a eu le sentiment que la carpette lui glissait sous les pieds. En plus, dès la révélation du diagnostic, comme ses décomptes sanguins n'étaient pas rassurants, le médecin a dû lui proposer l'hospitalisation. Après 48 heures pénibles à l'urgence, il se retrouve dans une chambre à deux lits. Son voisin est très mal en point. Brigitte, qui travaille, doit expliquer la situation à Caroline et Daniel, une fille et un garçon de 18 et 14 ans, aux études tous les deux. Brigitte est très inquiète devant cette situation nouvelle. Par surcroît, son mari passe par toute sorte d'états d'âme : tantôt il est anxieux et triste, tantôt il est irritable et ronchonne contre tout. Brigitte ne sait plus quoi faire : André lui téléphone au travail jusqu'à quatre fois par jour, exige des visites de sa part et se montre peu agréable quand elle est à son chevet.

Si vous avez déjà dû être hospitalisé vous-même, vous savez les sentiments contradictoires qu'on peut éprouver au cours d'une hospitalisation. Si pour certains, l'hospitalisation peut même être rassurante, dans la mesure où ils ont le sentiment d'être pris au sérieux et pris en charge, pour d'autres, l'hôpital est un milieu bizarre aux us et coutumes singulièrement différents de ce que l'on vit chez soi. N'importe qui ou presque entre dans votre chambre. Pour la plupart, vous ne savez pas leur nom. On vous trimballe d'un endroit à un autre sans toujours vous laisser comprendre ce qu'on va faire. On vous réveille aux aurores pour prendre de votre sang ou de vos urines. Vous mangez à des heures qui n'ont aucun rapport avec votre appétit et on vous fait coucher très tôt. Assez déroutant merci ! Pas étonnant, en tout cas, qu'au bout de quelques jours, quand ce n'est pas plus tôt, on ait le sentiment qu'on va « péter les plombs ».

On vient en effet de soustraire tout d'un coup à la personne désormais malade son statut d'adulte autonome, de lui enlever le contrôle de sa vie et tout cela, bien entendu, pour son bien. Vous croyez que je caricature et que j'exagère ? Pas vraiment. Je l'ai déjà mentionné, nous sommes tous à cet égard un peu pareils : nous aimons penser que nous avons la gouverne de notre vie. André, qui dans la famille tient habituellement un rôle important et solide, est soudainement ébranlé. Et sa femme subit les contrecoups de tout cela. Temporairement, espérons-le, mais tout de même, l'absence du mari et du père bouleverse l'équilibre de ce couple et de cette famille. Beaucoup de nouvelles responsabilités se retrouvent sur les épaules de Brigitte, en plus de celle de vouloir soutenir son homme.

J'ai suggéré à Brigitte de faire de son mieux. Cela paraît simple, mais cela signifiait pour elle

Surprotéger l'autre
donne rarement
les effets positifs
souhaités.

qu'en plus de ses tâches coutumières, il lui fallait faire une liste de ce qu'elle pouvait réellement faire, ce qu'elle pouvait déléguer à ses enfants et ce qu'elle pouvait reporter à plus tard, quand André serait sorti de l'hôpital. J'ai aussi demandé à Brigitte de présenter cette liste à André pour qu'il prenne conscience de ce qu'elle était prête à faire pour lui, pour leur couple et pour leur famille. Je lui ai demandé aussi de voir avec lui ce que lui, dans cette liste, croyait pouvoir assumer. Brigitte s'est montrée d'abord très réticente à cette proposition : elle était convaincue qu'elle devait tout prendre sur elle et qu'André serait déçu de voir qu'en plus de ne pas tout prendre, elle lui demandait à lui, malade, de faire quelque chose.

Ici encore, nous sommes en présence d'un réflexe de protection de l'autre, naturel, fréquent et bien intentionné, qui peut toucher chacune des personnes impliquées. Mais, selon mon expérience, il en résulte rarement les effets positifs souhaités. Comme je le disais au chapitre précédent, le seul résultat est que chacun est claquemuré dans le silence, aux prises avec toutes sortes d'idées qui, bien souvent, parce que restées non vérifiées, engendrent incompréhension, inquiétude, peur et angoisse.

Au bout de quelques jours, épuisée, Brigitte s'était livrée à l'exercice demandé. Elle a eu la double surprise de voir que tout n'était ni nécessaire ni urgent, que ses enfants voulaient bien mettre l'épaule à la roue et qu'André lui-même a trouvé naturel d'en faire un peu, par téléphone, de l'hôpital. Du coup, il est devenu moins irritable et grognon. C'est déjà un début.

Essayez, pour un instant, de vous imaginer la frustration et la peur que vous ressentiriez parce qu'on vous a annoncé que vous êtes sérieusement malade. Vous savez comme vous êtes de mauvais poil quand vous avez la grippe ou un gros rhume, même si vous savez bien, et on vous le dit, que cela ne va durer que quelques jours. Remplacez le rhume par n'importe quelle maladie importante, dont vous ignorez la durée et qui vous donne fatigue et douleurs, en plus de faire basculer votre vie et vos projets. Comment pensez-vous que vous réagiriez si la première personne à qui vous parleriez de vos peurs, de vos inquiétudes et de vos frustrations vous disait : « essaie de ne pas trop t'en faire avec ça? »

Bien entendu, vous aimeriez ne pas vous en faire avec ça. Normal. Mais seulement voilà, vous n'y pouvez rien : vous êtes inquiet. Alors, convenez avec moi que la dernière chose que vous voulez entendre, c'est qu'en quelque sorte, vous avez tort de ressentir ce que vous ressentez. Du coup, vous vous dites : « à quoi bon en parler? »

> **L'une des attitudes les plus utiles lorsqu'on est en présence de quelqu'un qui est aux prises avec des émotions et des réactions, c'est celle de la validation.**

Ce que j'essaie de vous souffler à l'oreille c'est que l'une des attitudes les plus utiles lorsqu'on est en présence de quelqu'un qui est aux prises avec des émotions et des réactions, c'est celle de la validation. Il s'agit de vous dire intérieurement : « sa réaction n'est pas la même que la mienne actuellement, ni celle que j'aurais si j'étais à sa place, mais je reconnais que sa réaction est la sienne propre et qu'elle est bien légitime ». Rien que cela? Je vous dirai que rien que ça est énorme. Il en résulte plutôt souvent une ambiance propice au partage d'autre chose. En faisant cela, vous dites en réalité : « tu peux m'en parler, je suis capable de t'entendre sans m'enfuir » et ensuite, quand ce sera possible, cette personne sera elle aussi prête à entendre que vous aussi, qui l'aimez et tenez à elle, avez vos inquiétudes, vos peurs et votre frustration que cela lui arrive, que cela vous arrive ensemble. Vous venez de lui dire : « tu n'es pas seul ». C'est ce qu'André a pu saisir quand Brigitte lui a dit : « tu as raison d'être frustré de ta maladie, moi aussi je le suis. Avec les enfants, en attendant ton retour, nous allons nous organiser en pensant à comment tu le ferais. Et puis, tu pourrais peut-être, à partir d'ici, au téléphone ou en m'écrivant des listes de priorités, faire quelques petites choses, si ça te tente. » La deuxième semaine d'hospitalisation d'André a été moins difficile que la première, dans la mesure où Brigitte s'est sentie moins submergée, et André est devenu moins exigeant.

Au bout de 16 jours d'hospitalisation, les médecins d'André avaient rectifié ses décomptes sanguins, précisé la nature exacte et l'étendue de la maladie. Ils étaient en mesure d'établir un plan de traitement et de lui en faire part. Cette entrevue cruciale s'est faite en présence de Brigitte, qui a eu l'heureuse idée de prendre des notes et de poser, elle aussi, des questions. Le couple apprit que les traitements allaient être longs et difficiles, en raison des effets secondaires, et qu'André ne retournerait pas au travail tout de suite. Brigitte et André étaient partagés entre optimisme, soulagement et vertige devant ce qui s'en venait pour eux.

Nous arrivons à la deuxième possibilité. L'hospitalisation, comme dans le cas d'André, était la première. Le suivi et les traitements en externe, au long terme, qu'il y ait eu hospitalisation ou pas, sera la deuxième. Plusieurs maladies chroniques sont désormais traitées en externe. C'est, comme on dit, la tendance forte actuellement. Cela exige en tout cas beaucoup du malade et de ses proches. Prenons un autre exemple, celui d'une personne qui doit subir, trois fois par semaine une dialyse rénale, c'est-à-dire, être branchée sur un « rein artificiel ».

Élaine, 45 ans, célibataire, qui vit seule, a appris que ses reins ne fonctionnent plus. Il est question de faire une greffe rénale. En attendant de trouver un donneur compatible, ce qui est parfois très long, Élaine devra se soumettre à une dialyse rénale. Pour combien de temps ? Impossible de le savoir puisque Élaine est en attente d'une greffe rénale. Donc, elle devra venir à l'hôpital trois fois par semaine pour des traitements où elle sera branchée, reliée à une grosse et complexe machinerie pleine de tubulures, qui filtre et nettoie le sang des impuretés qui s'y accumulent et que nos reins filtrent et nettoient normalement. Au début, bien qu'elle eût très bien compris les explications que lui avait fournies le spécialiste, Élaine n'arrivait pas à se mettre dans la tête qu'elle serait dépendante d'une machine et refusait de s'y soumettre. Élaine n'avait que deux amies et très peu de liens avec sa famille d'origine, qui vivait à des centaines de kilomètres de chez elle. Ses médecins et ses infirmières étaient inquiets. Heureusement, il y eut l'intervention de ses deux amies, France et Guylaine. Nous en reparlerons.

Il n'est pas rare en effet, au tout début d'une maladie sérieuse, que la personne touchée n'arrive pas à y croire, nie l'importance de la maladie, retarde le début des traitements ou annonce qu'elle croit pouvoir s'en sortir seule. Cela vous laisse sans doute perplexe. La situation est délicate. Une des façons de voir la chose est encore sous l'angle du contrôle de sa vie. La réalité est que, dès lors que la maladie précipite quelqu'un dans le système de soins, qu'une prise en charge est opérée, le malade se retrouve à la merci des exigences du système, soumis aux ordonnances et conseils des médecins, dépossédé – c'est du moins la sensation rapportée par nos patients – de sa capacité à décider. Ainsi, il est compréhensible que sous le choc de la révélation récente d'une maladie et d'un traitement potentiellement long et pénible, le premier réflexe soit de dire : NON ! J'oserais dire que c'est en quelque sorte normal.

Vous serez tenté de raisonner la personne aimée, de peur qu'un retard dans le traitement (déjà qu'il y en a, parfois, des délais) ne la mette en danger ou la mette à mal avec ses médecins. Vous serez tenté de pousser la personne malade vers les traitements, de jouer vous-même au docteur avec elle, de faire le « coach d'estrade », comme disent les sportifs. Même si, comme je vous l'ai dit, vous êtes probablement la personne qui la connaît le mieux, je vous soumets qu'il faut y aller délicatement, que ce n'est pas vraiment votre rôle, que le patient reste le guide suprême dans tout ce qui le concerne et qu'il faut respecter sa capacité à digérer et absorber cette masse imposante de nouvelles données qui s'imposent à lui. Il faut lui laisser du temps, valider encore une fois son vertige devant tout cela, et surtout avoir confiance que le temps fera son travail et que la personne malade fera son propre chemin. Vous pouvez l'accompagner, ne pas la laisser seule, tout en ne lui imposant pas vos propres volontés. Pas facile, mais faisable.

Les amies d'Élaine, qui la connaissaient depuis l'école secondaire, ont eu à son endroit une attitude de sensibilité tout à fait appropriée. Elles ont bien vu que leur amie était totalement submergée par l'océan qui se présentait devant elle. Elles ont simplement manifesté à Élaine qu'elles aussi, dans des circonstances identiques, réagiraient probablement de la même manière. Elles ont resserré les rangs autour d'Élaine, sans revenir sur le sujet, mais en l'assurant de leur amitié et de leur soutien, quoi qu'elle déciderait. La réflexion d'Élaine a duré deux semaines et finalement, elle a décidé de se lancer dans la bagarre.

On peut être tenté de raisonner la personne aimée, de jouer soi-même au docteur avec elle, de faire le « coach d'estrade ».

Vous voyez bien, n'est-ce pas, que la personne que vous aimez et qui est malade a besoin de votre accompagnement et pas nécessairement de votre guidance. La différence entre les deux est énorme. Bien sûr, il pourra arriver qu'elle vous demande : « Dis-moi ce que tu penses que je devrais faire. » En revanche, dans la plupart des cas, c'est elle qui choisira et jouera la partition principale et vous, vous l'accompagnerez. En deux mots, vous la suivrez dans la ou les directions qu'elle choisira et éviterez, autant que possible, de la conduire vers des objectifs qui seraient en réalité les vôtres, et non les siens. C'est ce genre de situation qui fait que la personne malade se sent traitée comme un enfant. Cela exigera de vous beaucoup de discrétion, de patience et de générosité. Je crois que toutes ces qualités sont en vous. Il vous faut simplement les aviver, garder vos antennes bien sorties et bien sensibles. En quelque sorte, tout en sachant que vous aussi avez des besoins, je vous demande de les mettre de côté. Temporairement. Nous reparlerons de vous plus loin, soyez-en certain.

La personne malade a besoin d'accompagnement et pas nécessairement de guidance. La différence entre les deux est énorme.

Un peu plus haut je vous parlais de validation. Quelques mots maintenant de ce à quoi peuvent servir les notes que vous avez prises. Elles permettront de vérifier si les informations factuelles ont été correctement comprises et de corriger les perceptions erronées. Croyez-moi, cela n'est pas rien. Les émotions que suscitent les maladies graves sont parfois tellement envahissantes qu'elles occupent tout l'espace et embrouillent les perceptions. Vous pouvez donc, encore une fois, tenir un rôle important, notamment quand il s'agit de clarifier les enjeux des traitements. Donc, quatre éléments importants où votre accompagnement peut devenir encore plus efficace : validation des réactions comme légitimes, vérification, clarification et correction des perceptions factuelles. Et au moins, la personne malade aura moins tendance à penser que vous savez des choses sur sa maladie et son avenir, qu'on lui aurait cachées.

Pour ce chapitre de l'après diagnostic et de l'entrée dans le dispositif de soins à long terme, j'ai délibérément choisi de laisser de côté un certain nombre de questions. N'ayez crainte, nous y arriverons plus tard, du moins en partie. Je me doute bien que vous auriez souhaité que je traite de toutes les situations qu'il est possible de rencontrer. Moi aussi j'aurais voulu cela mais, au risque de me répéter, jamais un livre ne pourrait le faire. Ma conviction est que pour chaque personne, pour chaque maladie, chaque fois, un nouveau livre est en train de s'écrire. Le prochain chapitre, plus court, portera sur vos besoins à vous.

chapitre 3

S'occuper de soi

Alors que cette personne que vous aimez est
malade depuis plusieurs semaines, plusieurs
mois peut-être, vous faites de votre mieux.
Vous vous montrez disponible, vous partagez,
vous écoutez, vous faites preuve d'ouverture,
de franchise. Votre présence, toujours assu-
rée, est généreuse et discrète à la fois. Vous
avez su intégrer dans vos échanges avec la
personne malade, les précieux concepts de
validation, vérification, clarification et correction. Vous êtes sur la bonne piste et je sais
que cela vous demande beaucoup d'énergie.
Je sais aussi que bien souvent, vous mettez au
second plan vos propres besoins. Mais vous?
Qui prend soin de vous? Dois-je vous rappeler
que ce livre s'adresse à vous et non à la personne malade?

Il n'est pas rare que l'une ou l'autre des personnes qui gravitent autour de la personne
malade se fatigue, s'épuise. *A priori*, je reconnais que c'est, en effet, une tâche difficile que

d'accompagner au long cours une personne gravement malade. Cela demande de l'énergie, du courage, de la générosité et de l'amour. Je suis certain que vous avez toutes ces qualités. Permettez-moi quand même d'attirer votre attention sur les risques que cela comporte. Il arrive parfois que certaines personnes, pour toutes sortes de raisons qui tiennent autant à la personne malade qu'à elles-mêmes et à leurs histoires personnelles, se condamnent à l'héroïsme et aident l'autre au-delà de leurs capacité. Certaines, prisonnières, pour ainsi dire de leur rôle d'aidant, vont hésiter à demander de l'aide pour elles-mêmes.

Nous avons tous des besoins. Et même si vous êtes dans le rôle d'aidant, vos besoins n'ont pas changé. Ils sont toujours là. Vous devrez le comprendre et l'accepter. La personne que vous accompagnez devra elle aussi le comprendre et l'accepter. Ce qui est en cause ici est la durabilité de l'aide que vous pourrez apporter.

Vous êtes peut-être aux prises avec vos propres interrogations et inquiétudes. Peut-être avez-vous peur d'être vous aussi malade. Peut-être êtes-vous devenu plus vigilant à écouter les signaux de votre corps. Peut-être ressentez-vous même des symptômes identiques à ceux du malade. Ce genre de réaction n'est pas rare et il importe, peut-être avec l'aide de votre propre médecin qui procédera à un examen et quelques tests, de clarifier l'état réel de votre propre santé. Il se peut aussi que vous vous sentiez seul avec vos propres soucis et que des émotions contradictoires surgissent en vous, qui ne soient pas nécessairement très positives. Disons-le clairement : que vous vous sentiez ambivalent dans votre amour.

France, 61 ans, se dévoue « corps et âme », comme elle dit, pour Gérard, 68 ans, qui est malade depuis trois ans maintenant. En plus de souffrir d'un dia-bète qui l'a rendu presque invalide et aveugle, Gérard commence à présenter des signes de démence, probablement d'origine vasculaire céré-brale. France est très présente et fait vraiment beau-coup pour son homme, au point où elle ne va plus à la piscine pour ses exercices et ne va presque plus au bridge. Il lui arrive depuis quelque temps de se mon-trer irritable avec son mari. Elle a confié au méde-cin de Gérard qu'il lui arrive d'être en colère contre Gérard et de souhaiter sa mort. Elle en ressent beau-coup de culpabilité.

En fait, France est épuisée. Elle a voulu bien faire mais en a trop fait. Il est vrai que ses enfants travaillent eux aussi et qu'elle n'a pas tendance à déléguer à d'autres ce qu'elle croit devoir et pouvoir faire seule. Elle n'a pas non plus osé demander à ses enfants de l'aider. L'in-firmière qui travaille avec le médecin de Gérard, a eu la simple et très juste sensibilité de reconnaître que l'épuisement était sans doute la cause des sentiments négatifs qui envahissaient France. Elle lui a proposé dans un premier temps de voir qui, une seule petite demi-journée par semaine, pour commencer, pourrait lui accorder un répit pour aller à la piscine ou au bridge. Ce ne fut pas facile de convaincre France, qui déjà se sentait coupable de se fâcher contre Gérard, qu'elle n'était pas en train de laisser tomber son mari. Dans un deuxième temps, lorsque France a été en mesure de percevoir les effets positifs de ses sorties de ressourcement sur son attitude envers son homme, l'infirmière l'a invitée à créer un réseau d'entraide qui lui permettrait de refaire ses énergies pour aider Gérard.

Remarquez que chez certaines personnes, dans certaines familles, la création d'un réseau et la mise en marche d'un système de relève inter-mittente pour l'aidant principal se font sponta-nément et naturellement. En tout état de cause, il importe que vous sachiez qu'à long terme, le recours à ce genre de stratégie, qui peut aussi impliquer des amis ou le CLSC, devra être envi-sagé. Il ne peut en résulter, pour vous et le malade, que des effets positifs. Cela peut aussi vous aider à composer avec la frustration que vous pouvez ressentir quand vous constatez que, vous non plus, n'avez aucun contrôle sur le déroulement de la maladie, ni sur les traite-ments, ni sur les réactions de l'autre.

Et puis, il faut bien le rappeler, toute malade qu'elle soit, la personne que vous accompagnez, sauf exceptions bien sûr, n'est peut-être pas si dépourvue de moyens de s'aider elle-même que vous le croyez. Il est essentiel de lui laisser toute l'autonomie, l'indépendance et la liberté possible. L'exercice de son autonomie, pour toute personne, malade ou pas, fait partie de ce concept essentiel et si difficile à définir qu'est la qualité de vie. Pour ma part, tout ce que je peux en dire c'est que c'est à chacun de définir pour soi ce qu'il entend par qualité de vie. La vôtre, la sienne et la mienne ne reposent sans doute pas entièrement sur les mêmes assises et il est malheureux que parfois, on se laisse aller à définir pour quelqu'un d'autre ce qu'est ou devrait être sa qualité de vie. Or, il n'est pas rare, la capacité d'adaptation étant au rendez-vous, que l'on voie la qualité de vie se redéfinir en fonction de critères nouveaux et différents, prendre une tout autre tournure, à la plus grande surprise de l'entourage, mais à la plus grande fierté de l'autre. Je pense ici à toutes ces personnes qui, à la suite d'un accident, perdent un membre ou se retrouvent paralysées. Certaines arrivent à donner une nouvelle orientation à leur vie, à leurs activités. Elles arrivent à une nouvelle qualité de vie!

Je dirais que le concept de qualité de vie est à « géométrie variable », comme l'est, du reste, le déroulement de toute maladie grave et chronique. Vous vous retrouvez vous aussi dans les montagnes russes. Il arrive parfois que l'un ou l'autre des accompagnants ait besoin d'aide personnelle spécialisée. Est-il besoin de vous

un proche gravement malade

41

rappeler que lorsque la maladie a frappé l'autre, vous aviez déjà, vous aussi, votre propre bagage de vécu, d'histoire, d'émotions, de souvenirs. Vous avez aussi votre propre constitution psychologique. Cette configuration psychologique, ce bagage qui est le vôtre depuis des années, comportent des forces et des faiblesses. Nous en avons tous. Et nous avons tous, à des degrés divers, une plus ou moins grande vulnérabilité aux stress de la vie. La maladie d'un être cher est un stress important. Dans la plupart des cas, les dommages, quand il y en a, sont mineurs et temporaires. Pour d'autres ce sera différent.

L'arrivée de la maladie dans un couple ou une famille génère très souvent, comme je l'ai écrit plus haut, d'importants changements dans les rôles que chacun tient au sein de ce couple ou de cette famille. Comprenez bien que je ne parle pas ici seulement des responsabilités de la vie quotidienne. Je parle plutôt d'un débalancement dans les rôles affectifs, dans la complémentarité émotionnelle, aussi inégale qu'elle ait pu être jusque là. Lorsque nous sommes en relation interpersonnelle, conjugale, familiale, il s'établit, plus ou moins consciemment, subtilement, un agencement, une complémentarité des forces et des faiblesses de chacun des participants, qui graduellement trouve son point d'équilibre et se stabilise plus ou moins, où chacun, pour ainsi dire, trouve son compte. Mais lorsque la maladie survient, cet équilibre peut être rompu, précisément parce que l'état émotif de l'un ou de tous les membres du couple ou de la famille change. Le couple ou la famille peuvent ainsi devenir temporairement en crise, en danger.

Cela vaut, par exemple, pour la question délicate de l'interdépendance dans le couple. Nous savons tous très bien que pour être en couple, il doit se produire entre les deux participants, un rapport dit de codépendance, qui fait qu'au plan émotif, chacun sait qu'il peut compter sur l'appui et la force de l'autre, et que cela est réciproque. Nous savons aussi que même si ce rapport est réciproque, il n'est pas nécessairement égal. De sorte que si l'un ou les deux membres du couple sont rendus plus vulnérables par une maladie menaçante, le jeu de l'interdépendance peut changer radicalement. Si, par exemple, pour toutes sortes de raisons qui relèvent de votre histoire personnelle, vous êtes particulièrement sensible aux menaces d'abandon ou de pertes, il est possible que vous dépendiez un peu plus de votre conjointe ou conjoint et que sa maladie ravive en vous vos peurs de perdre ou d'être abandonné.

Loin de moi l'envie de vous obliger à faire de la psychanalyse. Je veux juste vous sensibiliser à l'idée que la déstabilisation d'un système conjugal ou familial peut parfois prendre des proportions considérables. Dans la plupart des cas, le temps aidant, les ressources personnelles et la capacité d'adaptation permettent de retrouver l'équilibre antérieur ou de trouver un nouvel équilibre satisfaisant pour tous. Les personnes que j'ai eu la chance d'interviewer m'étonnent, la plupart du temps, par leur générosité, leur ressort intérieur et leur capacité de rebondir et retomber sur leurs pieds. Parfois, cependant, en raison de l'intensité et de la durée du stress que la maladie amène avec elle, les ressources individuelles ne suffisent plus et la capacité d'adaptation est dépassée. C'est une sorte de crise. Idéalement, en de telles occurrences, nous devrions avoir la lucidité de reconnaître que nous sommes dépassés émotionnellement, que c'en est trop, que nous sommes submergés. C'est dans ces circonstances qu'il faut aller chercher de l'aide extérieure. Cette aide peut très bien ne pas être professionnelle. Il arrive qu'un proche, parent ou ami, puisse tenir temporairement le rôle de soutien psychologique permettant d'alléger le fardeau émotif de chacun, d'offrir un répit, et d'aider à solutionner des crises, dénouer des impasses. Je le vois fréquemment et j'ai une grande confiance en l'efficacité de l'aide naturelle et spontanée, lorsqu'elle est disponible. Dans le cas contraire, partout ou presque, on peut trouver de l'aide professionnelle, que ce soit auprès de travailleurs sociaux, psychologues, infirmières spécialisées ou psychiatres.

L'anxiété et la tristesse sont, la plupart du temps, tout à fait normales, et proportionnelles à l'importance des événements et des stress. C'est lorsque ça déborde, lorsque l'angoisse et la tristesse deviennent paralysantes, occupent trop d'espace, submergent les personnes, c'est là qu'il faut accepter de consulter. En un mot, le risque est de gaspiller tellement d'énergie sur cette angoisse et cette tristesse, qui peuvent être en effet des voleuses d'énergie, qu'il n'en restera plus pour aider la personne que justement vous souhaitez soutenir. Et par-dessus le marché, vous aussi, à terme, risquez d'en payer le gros prix, celui de votre propre bien-être, celui de votre santé.

Comme je m'adresse ici à celui qui accompagne le malade, ce n'est pas sur l'aide psychologique que peut requérir la personne malade que j'attire votre attention. Cela tombe sous le sens et relève de votre sensibilité et de votre lucidité de bien percevoir le niveau de détresse de l'autre, au-delà duquel vous ne pouvez plus vraiment l'aider et où il requiert de l'aide professionnelle. Non : j'attire votre attention sur la possibilité que vous hésitiez à demander de l'aide pour vous-même alors que vous en auriez besoin. Je sais que, comme tout le monde, vous avez votre fierté et que vous aimeriez projeter une image de solidité, pour l'autre et pour vous-même. Louable, mais périlleux. Je vous soumets que si vous vous laissez submerger par votre stress, votre angoisse et votre tristesse sans vous prévaloir des moyens qui sont à votre disposition pour vous remettre en piste, il se pourrait bien qu'à

> Le risque est de gaspiller tellement d'énergie sur cette angoisse et cette tristesse, qu'il n'en restera plus pour aider la personne.

la longue, votre efficacité à aider la personne qui est malade et vous tient à cœur soit diminuée, voire même compromise.

En allant chercher de l'aide pour vous-même, professionnelle ou non, vous vous donnez des moyens de vous délester d'une partie du fardeau émotionnel qui pèse sur vos épaules et de restaurer votre énergie. Vous venez de traverser les étapes du diagnostic, de sa révélation, d'une ou plusieurs hospitalisations et de vous engager, avec la personne malade, dans le long et parfois tortueux chemin des traitements et suivis en clinique externe ainsi que d'un rythme de vie nouveau, changé. Avoir appris à chercher de l'aide pourrait vous être précieux si jamais survenaient d'autres situations stressantes comme des aggravations, des rémissions suivies de rechutes, des complications, des envies d'abandonner les traitements. Nous devrons en parler aussi.

chapitre 4

Les rémissions

Ce matin, comme tant d'autres matins depuis les derniers mois, vous accompagnerez l'être aimé à un rendez-vous médical. Celui-ci a de particulier qu'il fait suite à la dernière tomographie (CT-*scan*) de contrôle. Vous serez là, disponible, à l'écoute, à l'affût de la moindre information, du moindre détail que les soignants vous fourniront sur l'état de santé de la personne que vous accompagnez depuis un bon moment déjà. Vous êtes devenu expert de la prise de notes, de la validation, de la clarification. Vous avez développé une belle alliance avec le médecin traitant, un bon partenariat. Il vous sait fiable et assidu. Il reconnaît cette présence généreuse et authentique que vous avez su offrir à la personne chère, son ou sa patiente, et il vous l'a d'ailleurs reflété au dernier rendez-vous. Vous savez que le rendez-vous de ce matin est spécial : vous et la personne aimée apprendrez les résultats de ce *scan* si important parce qu'il fait suite aux nombreux traitements. Vous connaîtrez le verdict. Ce rendez-vous, vous l'anticipiez déjà depuis plusieurs semaines. Pas étonnant que vous n'ayez pas dormi de la nuit. Et vous savez que votre proche non plus.

Après avoir subi le choc, la peur et l'angoisse du diagnostic initial, après l'épreuve des biopsies, des prises de sang, d'une chirurgie, peut-être, des traitements, des hospitalisations répétées et des nombreuses visites en clinique externe, vous voilà arrivés à destination. Le médecin vous annonce que le *scan* ne démontre plus aucun signe de maladie. Les traitements ont réussi, on vous parle de rémission. Une rémission pour laquelle, à votre façon, vous avez âprement lutté. Enfin une bonne nouvelle! Vous vous en réjouissez, vous célébrez, vous êtes tous les deux soulagés. Vous venez de traverser, avec cette personne que vous aimez, une mer houleuse où les rayons de soleil ont trop rarement percé les nuages. Voilà que la tempête est désormais derrière vous. Vous vous sentez plus léger. Enfin!

HENRI

Quelques jours après ce rendez-vous, Henri lance un appel au médecin traitant d'Inesse. Il ne la reconnaît plus. Elle a de brusques changements d'humeur, elle a recommencé à ne plus dormir. Parce qu'il songe à reprendre progressivement ses activités sociales, elle lui reproche de la laisser tomber, de l'abandonner, comme ses médecins d'ailleurs. Elle n'arrive plus à prendre de décisions, n'est plus sûre de rien et questionne constamment leur couple et leur avenir. Pourtant, ils avaient tant espéré cette rémission !

Vous aurez peut-être tendance, comme l'a fait Henri, à considérer l'autre personne comme si elle était guérie, et à penser qu'il ne faut plus qu'elle parle de la maladie. Or, cette personne, bien qu'en rémission, demeure fragilisée par les traitements et par leurs effets secondaires : perte de cheveux associée à la chimiothérapie, gain de poids et faciès lunaire dus à la cortisone, corps mutilé par la chirurgie, un corps blessé, cicatrisé. Vous constatez que vous aussi avez perdu des plumes au combat. La tension tombe, les cernes sous vos yeux vous paraissent plus évidents, vous avez maigri. Vous vous sentez un peu perdu. Vous ressentez une sorte de vide. Soudainement vous avez trop de temps, ce temps que vous occupiez à voyager à l'hôpital, à trouver du stationnement, à chercher un fauteuil roulant pour minimiser les pas de la personne que vous accompagniez, à attendre de longues heures dans la salle d'attente qu'on appelle son nom, à passer des heures à ses côtés alors qu'elle recevait ses traitements ou qu'elle reposait calmement dans son lit d'hôpital et que vous vous faisiez le gardien de son sommeil.

Vous avez aussi plus de temps pour penser, pour constater que certains autres membres de votre famille et de votre entourage ont été négligés, qu'il y a eu, comme on l'a évoqué

On peut avoir tendance à considérer l'autre personne comme si elle était guérie, et à penser qu'elle ne devrait plus parler de la maladie.

dans le chapitre précédent, déstabilisation et réorganisation du système conjugal, familial et social. Votre système de relations interpersonnelles est à reconstruire. Vous devez abandonner votre rôle d'aidant naturel pour reprendre votre place au sein du couple et dans la famille, pour réassumer vos rôles de conjoint, de père ou mère, d'ami, de travailleur. De son côté, la personne malade doit en faire autant.

Il faudra à nouveau beaucoup de compréhension, de patience, de temps pour se parler, échanger.

C'est paradoxalement au moment de l'annonce d'une rémission que le malade peut avoir le plus besoin de l'entourage.

Cependant, alors que vous vous sentez prêt à clore enfin le chapitre et à reprendre la gouverne de votre vie, votre quotidien, votre routine et vos activités sociales, vous constatez que la personne aimée passe par toute une gamme d'émotions : tristesse, colère, agressivité, passivité, euphorie. Vous lui proposez des plans d'avenir mais elle se montre indécise, incertaine, voire même réfractaire par moments. Cela vous inquiète, vous frustre à certains égards. Je tiens à vous rassurer tout de suite, ces émotions sont normales et peuvent perdurer un certain temps. À vrai dire, ces questionnements sont ceux que je rencontre le plus souvent dans ma clinique.

Mon expérience me permet d'avancer que c'est paradoxalement au moment de l'annonce d'une rémission que la personne que vous accompagnez a le plus besoin de vous, de l'entourage. Les rendez-vous médicaux se sont espacés, ce qui vous apparaît comme une bonne nouvelle *a priori*. Mais sachez que cela peut grandement augmenter l'angoisse de la personne en rémission qui elle, a peur d'échapper à la vigilance médicale parce qu'on ne sait pas combien de temps on sera en rémission. Et aussi parce qu'il y a de ces maladies qui fonctionnent par poussées et rémissions et dont on ne guérit jamais complètement. Cette incertitude est accablante. Et puis, il y aura des visites de suivi, des examens de contrôle, d'autres prises de sang, des examens radiologiques, enfin tous ces éléments qui vous rappelleront que la maladie existe. Qu'il ne s'agit que d'une rémission. Peut-être est-ce souvent à reculons que vous irez à ces visites.

Bref, il vous faudra beaucoup de force pour faire face à cette nouvelle étape, pour accueillir vos interrogations et affronter vos doutes et vos peurs. Je vous invite à faire preuve de franchise, d'authenticité et d'amour, comme vous avez si bien su le démontrer tout au cours de votre accompagnement jusqu'ici. Vous pouvez dire à votre proche que vous aussi, vous appréhendez ces visites, que vous aussi, vous pensez à la maladie. Vous n'êtes pas dupe, vous savez qu'il s'agit d'une rémission et qu'il faudra peut-être plusieurs années avant qu'on puisse parler de guérison.

chapitre 5
Les rechutes

Comme vous l'avez compris en lisant le chapitre précédent, dans ce genre de maladies, la rémission n'est pas de tout repos. Bien évidemment, nous aimerions tous qu'elle signifie guérison complète. Bien que ce soit rare, cela peut arriver, certains diront par miracle, de façon inexpliquée. J'en ai vu et chaque fois, comme la personne malade et ses proches, je me suis réjoui.

J'ai aussi constaté que même quand ce genre de guérison survenait, il restait invariablement en sourdine, sous le boisseau, une certaine inquiétude que la maladie revienne. Cette inquiétude n'est pas toujours bien comprise, ni acceptée, par les proches. Et pourtant elle existe, sous différentes formes. En règle générale, la personne autrefois malade restera très attentive aux signaux que son corps lui envoie. Et des signaux qui seraient interprétés par chacun d'entre nous comme insignifiants, peuvent prendre une signification disproportionnée. La moindre douleur, bosse ou rougeur, le moindre inconfort deviendra spontanément synonyme de retour de la maladie. Il faudra beaucoup de temps, de paroles rassurantes des médecins et de compréhension des proches pour que ce réflexe disparaisse complètement. Et puis, disons-le, cela dépendra aussi de la « configuration psychologique » de chacun, en deux mots de sa personnalité et de sa façon propre de composer avec les événements de la vie.

Cela dit, je m'en voudrais de vous dorer la pilule, de vous mentir – et vous m'en voudriez aussi – en n'abordant pas la question des rechutes et aggravations. Hélas! Elles existent et peut-être même qu'au moment où vous lisez ces lignes, la personne que vous aimez et qui est malade est déjà ou a été aux prises avec une récidive ou une aggravation de sa maladie. Et voilà que ça repart de plus belle. Comme la personne malade, vous vous en seriez bien passé. Vous en aviez déjà bien assez de l'époque de l'investigation, du choc du diagnostic, des premiers traitements, des faiblesses, enfin nous n'allons pas revenir là-dessus, vous savez aussi bien que moi de quoi il retourne. Même que, aussi tumultueuse qu'ait pu être cette première phase, vous aviez, ensemble, réussi à la mettre en perspective, peut-être même à la mettre vraiment derrière vous, et vous en étiez venu à vous dire que la rémission, même si ce n'était pas non plus toujours évident, c'était quand même plus vivable.

En fait, lorsque survient la récidive, la rechute ou l'aggravation, il n'est pas rare que la personne malade éprouve une profonde déception et aussi une grande colère. On ne devrait pas s'en surprendre. Voici cette personne qui, frappée de plein fouet par la maladie, a vu sa vie basculer, et a dû se battre de toutes ses forces pour surmonter l'épreuve, vivre avec le stress engendré par la maladie, par les changements de son corps, par la perte de vitalité, par l'agression des traitements, bref, qui s'est battue longtemps, et vous à ses côtés, pour enfin trouver une accalmie, une rémission. Ne trouvez-vous pas qu'il est parfaitement légitime qu'elle croie mériter une certaine récompense, une certaine reconnaissance pour son courage et son ardeur au combat? Pour ma part, j'ai une très grande admiration pour le courage de mes patients et pour la générosité de leurs proches. Il m'arrive de me dire intérieurement qu'ils mériteraient tous « une bonne main d'applaudissement ».

Ne vous surprenez surtout pas si à l'annonce d'une récidive, le malade se met en colère contre son ou ses médecins. Ou contre Dieu. Ou contre lui-même. Cette dernière possibilité, teintée d'une culpabilité parfois intense, touche surtout ces personnes qui se sont convaincues qu'on « est responsable » de sa maladie (ce qu'on rencontre malheureusement assez souvent dans le cas du cancer, en particulier, mais ne lui est pas exclusif) et qui

> À l'annonce d'une récidive, le malade peut se mettre en colère contre son ou ses médecins. Ou Dieu. Ou lui-même.

en sont venues à penser qu'elles étaient aussi responsables de leur guérison éventuelle. Elles se mettront donc à penser qu'elles n'ont peut-être pas fait tout ce qu'il fallait pour guérir, qu'elles n'ont pas, comme disent les gourous de ce genre, « réglé tous leurs conflits » ou encore qu'elles n'ont pas su se mettre dans un état mental propice à la guérison. Vous savez déjà ce que je pense de ce genre de discours, j'en ai parlé plus haut. Je reconnais quand même, puisqu'elle est malheureusement fréquente, que la culpabilité, qui est une forme de colère retournée contre soi, est un problème que vous êtes susceptible de rencontrer chez la personne malade que vous tentez d'aider. Il importe que vous en preniez conscience et que vous puissiez aider à la désamorcer, sachant qu'elle ne servira à rien de bon dans la bataille qui recommence.

Je sais que vous aussi, pourrez ressentir de la colère et de la culpabilité. Colère, parce que vous avez déjà beaucoup mis dans toute cette affaire depuis les tout premiers débuts et que, vous aussi, vous pensez mériter mieux que cela après ce que vous avez souffert et enduré, très souvent en silence, obligé que vous avez été de mettre vos propres émotions au second plan, laissant l'avant-scène à la personne malade. Culpabilité aussi parce que, vous avez peut-être eu des périodes de moindre disponibilité, de moindre générosité. Parce que votre vigilance à vous occuper des choses que vous aviez décidé de gérer pour la personne malade a pu, momentanément, perdre de son intensité. Et voilà que vous en êtes à penser, vous aussi, que vous pourriez être pour quelque chose dans cette rechute.

Ne m'en veuillez pas si j'aborde aussi le sujet délicat de la colère ou de l'écœurement que vous pouvez même avoir ressentis à l'endroit de cette personne que vous aimez. Ce sont des réactions tout à fait humaines, qui peuvent aller même jusqu'au souhait intérieur et très secret que la mort l'emporte. Ce genre de pensées, qui résulte souvent de l'impuissance, de l'épuisement ou du manque de soutien pour soi-même, n'est pas si rare qu'on croit et génère, on le comprendra facilement, de la honte et de la culpabilité. Encore davantage si une rechute survient et que la maladie reprend de la vigueur.

Il importe que nous convenions de ceci : à moins d'une véritable négligence importante de la part du malade ou de la vôtre, par exemple d'une complète infidélité aux traitements prescrits, la survenue d'une récidive, rechute ou aggravation n'est de la faute de personne. Si nous tenons pour acquis que les traitements que le médecin a prescrits sont les bons et qu'ils ont été correctement appliqués, il nous faudra trouver ailleurs les causes ou les explications à ce nouvel épisode indésirable.

La colère ou l'écœurement résulte souvent de l'impuissance, de l'épuisement ou du manque de soutien pour soi-même et génère de la honte et de la culpabilité.

> Comme le malade qui apprend que sa maladie récidive, le proche qui accompagne peut avoir envie de tout lâcher.

Les deux principales raisons sont les suivantes : ou bien la maladie est plus forte que les traitements, elle leur est devenue résistante, ou bien c'est ainsi que ce genre de maladie évolue habituellement (on appelle cela l'histoire naturelle de la maladie). Vous voyez bien que cela n'est la faute ni du malade, ni la vôtre.

Enfin. Quelle que soit la cause, vous voici à devoir à nouveau reprendre votre bâton de pèlerin. Cela rappelle cette histoire, assez décourageante, de la mythologie grecque où un homme, Sisyphe, est condamné à pousser une grosse pierre jusqu'au sommet d'une montagne et dès qu'il y parvient, la pierre roule en bas et il doit recommencer. Cette image illustre bien le sentiment qui peut habiter la personne qui apprend que sa maladie récidive. Et pour vous aussi cela n'est pas rien, puisque vous savez que vous allez devoir vous y remettre. Ne vous surprenez pas si vous ressentez le désir de tout lâcher ou si c'est votre proche malade qui a envie de tout lâcher.

La plupart des maladies chroniques graves exigent de la personne atteinte d'aller puiser si profond dans ses ressources qu'elle craint de les épuiser complètement. J'ai plus d'une fois entendu des malades me dire qu'ils ne soupçonnaient absolument pas l'ampleur des énergies qu'ils avaient déployées pour se battre contre la maladie et combien surpris ils étaient d'avoir beaucoup plus de force et de ressources intérieures qu'ils ne le croyaient. Ils me disent aussi très souvent comme ils sont impressionnés par le courage et la générosité de leurs proches. Ces proches dont ils me parlent, c'est vous. Vous qui êtes épuisé, vous aussi, qui croyiez ne jamais pouvoir y arriver et qui y êtes pourtant arrivé. Je l'entends, ça aussi, de la bouche d'épouses, de maris, d'enfants, de parents de personnes très malades, qui me disent à quel point elles sont surprises de l'ampleur de leurs ressources à elles, qui sont mises au service de l'être aimé malade.

Si je prends la peine de vous dire tout cela, c'est que la survenue d'une rechute, récidive ou aggravation est une période sensible, où beaucoup de sentiments contradictoires et effrayants peuvent se manifester, autant chez la personne malade que chez ses proches. Certaines personnes en deviennent immensément pessimistes et découragées, perdant tout espoir de guérison et pire encore, tout espoir qu'un jour la lumière réapparaisse au bout du tunnel.

Désolé d'avoir à vous le dire ainsi, mais cette récidive constitue un carrefour très important pour la suite des choses. La solidarité jusque là inscrite entre la personne malade et vous peut être mise à mal. Des choix décisifs devront être faits. Pour le malade, le choix entre tout lâcher – et cela arrive parfois –, et se relancer dans la bagarre. Même chose pour vous. Peut-être est-ce le moment, plus que jamais, de vous montrer ouvert, indulgent, de vous pardonner toute « faiblesse » ou « défaillance » (je les écrirais avec encore plus de guillemets si c'était possible) et qui sait, peut-être, d'aller chercher de l'aide extérieure, professionnelle, pour retrouver vos marques et refaire votre énergie.

J'aimerais bien pouvoir vous dire que cette rechute est et sera la seule. En fait, nul ne sait. Certaines maladies évoluent naturellement par poussées suivies de rémissions plus ou moins fréquentes, plus ou moins graves et plus ou moins longues. C'est le cas, par exemple, de la sclérose en plaques. Donc, difficile de prévoir, comme il est difficile de prévoir le temps, l'avenir.

KARL

J'ai encore en mémoire ce couple qui s'était présenté sans rendez-vous à mon bureau, il y a certainement une vingtaine d'années. Ils étaient venus de l'extérieur de Montréal, avaient fait plusieurs heures de route, déterminés à me rencontrer ce jour-là. Jeanne était une jeune femme dans la trentaine, accompagnée de son mari, Karl, aussi dans la trentaine. Ils étaient dévastés. Ils avaient vu le matin un médecin qui avait révélé un diagnostic de cancer à la jeune femme et lui avait annoncé sans hésitation qu'elle en avait pour trois mois à vivre. Ils étaient atterrés, mais aussi très en colère contre ce médecin. Je les ai écoutés et j'ai eu l'audace de leur dire – j'avais le sentiment que c'est précisément ce qu'ils venaient chercher – que le médecin, tout spécialiste qu'il fût, n'en savait rien, pas plus que moi et pas plus qu'eux, et

que très souvent, nous nous trompions. J'ai passé un
long moment avec eux, à essayer, tant bien que mal,
de leur rendre quelque espoir. J'ai eu des nouvelles
d'eux, par téléphone, pendant plus de trois ans…

Je sais comme vous que le nom de certaines
maladies est, pour bien des gens, très facilement associé à la mort. Soyons francs : cela est
vrai parfois. Mais soyons encore francs : pas
toujours, et l'apparition de nouveaux symptômes ou d'une récidive ne signifie pas nécessairement que c'est la fin. C'est très certainement un événement dont on pourrait se passer, mais je sais aussi, parce que je l'ai sou-
ventes fois vu, que le courage et la détermination peuvent reprendre le dessus malgré les
embûches et l'épuisement.

Et que faire si ça ne vient pas ? Je crois qu'il ne
faut pas se mentir, ni se culpabiliser. Peut-être
que quelqu'un d'autre peut temporairement
prendre la relève. Et si c'est le malade qui veut
tout lâcher ? Il est important qu'une bonne dis-
cussion ait lieu avec son médecin, pour s'assurer que le malade comprend bien les enjeux.

On m'a un jour demandé de voir en consultation,
sur un étage de cardiologie, un homme de 70 ans,
grand malade cardiaque depuis des années, et souf-
frant par surcroît de diabète et d'insuffisance
rénale. Son médecin m'avait informé que Luc avait
décidé de ne plus prendre de médication et de ne
plus subir la dialyse (rein artificiel), ce qui était

LUC

essentiel à sa survie. Le médecin émettait des doutes quant à la capacité mentale de cet homme à prendre une telle décision et voulait que je le déclare inapte après l'avoir évalué. Je n'entrerai pas dans les détails de notre entretien ni de mon examen, mais au final, je lui ai dit, et l'ai dit aussi à son médecin, que je le considérais tout à fait apte à prendre cette décision. Résultat : il m'a remercié chaleureusement et le lendemain, à la surprise de ses soignants, il a réclamé sa médication et d'aller en hémodialyse.

Je vous jure que pour l'essentiel, tout ce que j'ai vraiment fait avec cet homme intelligent, a été de l'écouter, de valider son épuisement psychique et son sentiment de ne plus avoir aucune emprise ni contrôle sur sa vie. En lui reconnaissant le droit de décider ce qu'il ne voulait plus, je lui ai pour ainsi dire rendu le contrôle qu'il disait avoir perdu, et c'est avec ce contrôle qu'il a pu prendre la décision inverse, celle de continuer les traitements. La leçon que j'en ai tirée pour moi-même est que nous avons tous tant que nous sommes besoin de nous sentir en contrôle de notre vie, dans la mesure du possible, que toute décision est réversible et que de laisser le temps y mettre son grain de sel est parfois la meilleure option. Alors, si cette situation se produisait, je vous suggère de rester calme, dans la mesure du possible, d'essayer de vous mettre à la place du malade en l'écoutant bien pour comprendre son point de vue et lui laisser du temps pour souffler et réfléchir, à la lumière des informations claires qu'il recevra.

Et si c'est sa qualité de vie qui motive son désir de tout lâcher? Encore là, il vous faudra beaucoup de doigté. Reconnaissons d'entrée de jeu que comme le bonheur, la qualité de vie est un concept très difficile à définir, très différent d'une personne à l'autre et de plus, pour une seule et même personne, à « géométrie variable » selon les événements. Votre définition de la qualité de vie en général, votre définition de *votre* qualité de vie et la mienne ne sont probablement pas les mêmes, et sans doute pas celle de la personne malade. Ne vous êtes-vous jamais étonné à la vue d'un accidenté de la route qui a perdu l'usage de ses jambes et est pourtant devenu un athlète de compétition malgré son handicap? Est-ce que cela n'illustre pas éloquemment la relativité de la définition de la qualité de vie et de la capacité insoupçonnable et insoupçonnée qu'ont les humains de rebondir? Relisez la fable de La Fontaine « Le chêne et le roseau », où le roseau sous la tempête plie temporairement et se redresse la tempête finie, alors que le chêne résiste, refuse de plier sous les vents et finit déraciné.

Dans la tempête, il est encore possible de faire confiance en la pugnacité et l'envie de combattre du malade. Malgré la fatigue morale, il garde encore l'autonomie psychologique, à défaut parfois de l'autonomie physique.

Cet homme, pas très sophistiqué intellectuellement, très bourru, trouvait qu'on – c'est-à-dire ses proches et ses soignants – ne le « laissait pas tranquille », qu'on « voulait trop l'aider ». Au point où, devant ses irritations, les gens s'éloignaient de lui. Nous avons mieux compris de quel bois Maurice se chauffait quand il nous a rappelé que toute sa vie, il avait été pilote de brousse, que des tempêtes il en avait traversé des masses, et tout seul. Nous avons au moins pu conclure un marché avec lui : qu'il n'hésiterait pas à faire appel à nous s'il pensait qu'il avait vraiment besoin d'aide. Marché conclu, et plus tard, il n'a effectivement pas hésité.

En résumé, cette tempête de la récidive vous frappe dur, vous et la personne malade. Vous pourrez la sentir fléchir et vous aussi. Pardonnez-vous, laissez-vous du temps. Il y a de fortes chances que l'envie de vivre du malade et votre envie de continuer de vivre avec lui l'emportent.

chapitre 6

Les complications

Je viens de vous décrire un parcours qui commence au moment où vous apprenez que quelqu'un qui vous est cher est touché par une maladie sérieuse, grave et qui va durer longtemps. En plus des nombreux examens de toute sorte et des visites médicales, cette personne a peut-être vécu une ou des hospitalisations et fidèlement, à toutes les étapes, vous avez été près d'elle. Finalement, une rémission est survenue, puis une rechute et peut-être une nouvelle rémission. Avec cette personne que vous aimez, vous avez fait une longue course dans les montagnes russes de la maladie, et les émotions ont été parfois très fortes. Vous avez traversé des moments angoissants, déprimants, peut-être même désespérants, puis vous avez repris espoir. D'une certaine façon, et je suis franchement désolé de le formuler ainsi de peur d'avoir l'air de banaliser les choses, il s'agit là de l'évolution ou histoire naturelle de ce genre de maladie. Je crois l'avoir déjà dit. Maintenant, je dois vous parler de complications, c'est-à-dire, d'événements qui surviennent souvent en plus de l'histoire naturelle de cette maladie évolutive. Malheureusement, il y en a. Autant le savoir. Cela vous donnera peut-être des outils pour les affronter.

Je ne traiterai pas ici des complications médicales qui peuvent survenir. Il y en a plusieurs, mais elles ne relèvent pas de ma spécialité. Cependant, je sais que lorsqu'elles surviennent, elles sont presque invariablement génératrices d'angoisse, de stress ou de découragement. Je dirais qu'heureusement, dans la plupart des cas, lorsqu'il s'agit d'une complication aiguë, une infection par exemple, la solution est à portée de main des médecins soignants et il y a de bonnes raisons de garder espoir que cette mauvaise surprise soit de courte durée.

Une première complication qui accompagne certaines maladies sérieuses et au long cours est la douleur. Je dois vous en parler parce que malgré tous les efforts de sensibilisation qui ont été déployés depuis vingt ans, il persiste, autant dans la population que chez certains médecins encore, des préjugés complètement dépourvus de fondements en ce qui a trait au traitement de la douleur. En raison de mon orientation personnelle, je suis plus familier avec les douleurs liées au cancer. Mais le cancer n'est pas la seule maladie chronique où la douleur se manifeste. Quand je mentionne les préjugés tenaces au sujet de la douleur, je pense surtout à la méfiance qui continue d'entourer l'utilisation de la morphine et de ses dérivés. Il en résulte que tout un chacun a son opinion préjugée, en particulier à l'effet que la prise de morphine amène invariablement de la dépendance. Faux, archi-faux. C'est chez les gens qui utilisent de la morphine comme drogue de rue ou chez les gens qui n'ont pas de douleurs que la dépendance se manifeste. Chez les gens malades qui ont de la douleur, la morphine, utilisée à dose suffisante et de la bonne manière, ne crée pas de dépendance. J'ai très souvent vu des patients sous morphine pouvoir se sevrer une fois les douleurs disparues.

Essayez de vous rappeler, si cela vous est déjà arrivé, le dernier mal de dent dont vous avez souffert. La douleur envahit votre espace mental et tant qu'elle n'a pas été soulagée, elle prend toute la place et vous ne pouvez pas penser à autre chose. Transposez maintenant la douleur du mal de dent en une douleur aux os qui est permanente, jour et nuit, tous les jours et toutes les nuits. Essayez d'imaginer l'espace que cette douleur occupe, la détresse qu'elle provoque, la quantité d'énergie qu'elle vole, énergie qui pourrait servir à tellement d'autres fins! La personne qui est la proie de douleurs durables (nous les appelons chroniques) devient littéralement indisponible à sa propre vie, aux tâches qu'elle assume habituellement,

> La personne qui est la proie de douleurs durables devient littéralement indisponible à sa propre vie, aux tâches qu'elle assume habituellement, et incapable d'harmonie dans ses rapports aux autres.

et incapable d'harmonie dans ses rapports aux autres. Insuffisamment soulagée, la douleur est génératrice d'épuisement physique, de troubles du sommeil, de souffrance psychologique et de détresse qui auront tôt fait d'envahir la totalité de la personne et de sa vie, de même qu'elles rejailliront sur l'entourage, c'est-à-dire vous-même, au point parfois d'empoisonner des relations jusque là paisibles. Vous comprenez mieux maintenant mon insistance à vouloir vous sensibiliser à cette complication très importante qu'est la douleur dans la maladie grave ou chronique. Au final, la douleur insuffisamment soulagée sera la source d'autres complications moins physiques, mais tout aussi importantes, comme la dépression et les conflits interpersonnels. Nous les aborderons maintenant.

D'abord la dépression. Si elle guette la personne malade, elle pourrait vous toucher aussi. Dans les deux cas de figure, il vous faudra être attentif à ce qui se passe chez l'autre, et alors être très compréhensif, ou à ce qui se passe en vous, et aller alors chercher de l'aide. *Distinguo* très important : la tristesse et les pleurs occasionnels, surtout quand on est dans un contexte de maladie sérieuse, voire menaçante, sont normaux et je dirais proportionnels à l'importance de l'événement, mais cela ne constitue pas pour autant une dépression. Lorsqu'il y a dépression, la tristesse et les pleurs sont présents tous les jours ou presque

tous les jours. La personne déprimée ne s'inté-
resse à presque plus rien. Elle perd son énergie
et sa concentration. Elle s'isole. Elle dort peu,
ou trop. Elle mange peu, ou trop. Sa libido est
à zéro. Elle tient un discours négatif sur son
passé, son présent et son avenir, au point aussi,
parfois, de verbaliser des idées de suicide.
Quand cela arrive, peu importe que cela soit
déjà arrivé ou pas dans le passé, et que cela
arrive à la personne malade ou vous arrive à
vous, il faut demander de l'aide professionnelle. Surtout que les traitements modernes
de la dépression sont efficaces. Il n'y a pas de
raison de laisser une dépression sans traitement. Rappelez-vous que comme la douleur,
la dépression peut paralyser une vie, lui voler
de l'énergie, empêcher de fonctionner, voire
même nuire aux traitements médicaux et
ainsi, diminuer les chances de rémission et de
guérison. Il faut absolument que cette dépression soit évaluée par un psychiatre, en particulier chez la personne malade physiquement,
pour s'assurer que la dépression n'est pas due
à la maladie même ou encore qu'elle n'est pas
un effet secondaire des traitements eux-
mêmes. Dans ces cas-là en particulier, la cause
« physique ou chimique » de la dépression
étant établie, le traitement ne pourra qu'en
être plus précis.

Toutes les dépressions ne se manifestent pas de
la même manière, en particulier chez les
hommes. Vous savez bien, mesdames, qu'en

> Comme la douleur, la dépression peut paralyser une vie, lui voler de l'énergie, empêcher de fonctionner, voire même nuire aux traitements médicaux.

matière d'émotions, les hommes sont bien différents de vous. Il est pourtant des symptômes trop ignorés qui sont des indicateurs qui devraient nous faire penser qu'un homme est probablement déprimé, en particulier la consommation accrue d'alcool et l'irritabilité. Comme l'homme a parfois tendance à être gauche dans l'expression de ses émotions, s'il se sent excessivement triste, il pourra essayer de camoufler sa tristesse en repoussant les gens qui l'entourent, se montrant donc irritable, et en s'isolant. Ou alors, il tentera de se traiter lui-même, de calmer sa douleur morale en l'imbibant d'alcool. Dans d'autres cas, plus complexes, il pourra lui arriver d'avoir recours aux drogues de rue. Il faut beaucoup de vigilance et de finesse pour percevoir et reconnaître la dépression chez un homme. Mais au risque de me répéter, qu'il s'agisse d'un homme ou d'une femme, qu'il s'agisse de la personne malade ou de vous-même, la dépression est tellement souffrante et lourde à porter qu'il faut absolument demander un traitement.

Je vous ai déjà signalé que la dépression se manifeste aussi par une diminution, voire une perte de libido. Parlons-en. Car les problèmes sexuels, comme complications d'une maladie sérieuse ou chronique, peuvent survenir en l'absence de toute dépression, et ce, autant chez la femme que chez l'homme. Quels en sont les déterminants ? Il y en a légion et je ne pourrai pas les énumérer tous. Partons du

simple fait que l'ardeur sexuelle est naturellement fragile, peu importe l'âge et même en
l'absence de toute maladie. Quand il y a maladie chez l'un des deux partenaires du couple,
cette fragilité est accrue. La fatigue et la perte
d'énergie qu'amènent la maladie et ses traitements sont déjà des causes possibles. Les alté-
rations de l'apparence ou de la configuration
physique, quand il ne s'agit pas d'amputations
ou de mutilations, en sont d'autres. Certains
hommes perdent leur faculté d'excitation
sexuelle parce que madame a un sein en
moins. Certaines femmes sont gênées de se
montrer à leur homme avec un sein en moins.
D'autres hommes auront de sérieuses difficultés érectiles après une chirurgie de la prostate.
D'autres femmes, que le traitement d'un cancer aura rendues précocement ménopausées,
pourront perdre le goût des relations sexuelles.

La décision de demander de l'aide spécialisée
variera vraiment d'un couple à l'autre. Je dirais
que la pire solution serait de ne pas s'en parler
et de rester chacun de son côté avec un problème qui, pourtant, pourrait être réglé. Avant
tout donc, s'en parler, voir à quel point le problème est important ou pas, en particulier s'il
fait partie d'une liste plus longue de problèmes
associés à la maladie. Il se peut aussi, selon
l'évolution du couple, son histoire, son âge,
que l'importance relative du problème soit
moins grande. Certaines personnes, avec un
certain humour, pourront faire confiance au

temps pour que les choses reviennent à la normale, comme avant. Pour d'autres, et pour des raisons qui leur appartiennent, l'absence d'activité sexuelle ne sera pas un problème, sans que pour autant la solidité de la relation soit remise en cause. Dans tous les cas, je le répète, pour que la lumière se fasse sur la question, il est impératif que les deux personnes en cause s'en parlent ouvertement pour que la décision à prendre sur les dispositions requises soit une décision commune qui satisfasse les deux. Dans le cas contraire, d'autres complications peuvent survenir, comme des conflits de couple.

Certains couples ont déjà connu des conflits avant la survenue de la maladie. Facilement résolus pour d'aucuns, difficilement pour d'autres. Sans traces ni résidus pour les uns, avec des cicatrices pour les autres. Le stress compréhensible généré par une maladie grave, menaçante et de longue durée, peut favoriser le retour d'anciens conflits de la vie du couple mal résolus ou déterrer des conflits que l'on croyait définitivement disparus. Chez d'autres couples relativement exempts de conflits, l'ébranlement de chacun sera tel que des conflits jusque là improbables adviendront. Donc, de nouvelles complications ou crises. Vous savez, nous sommes ainsi faits que lorsque surviennent des difficultés, des embûches, des stress, chacun a sa façon propre de les traverser, son système automatique de résolution des problèmes. Cela vaut pour les problèmes individuels que nous réglons par nous-mêmes. Cela vaut aussi pour les problèmes, stress et embûches rencontrés en couple. Les couples, fonctionnant comme un système, ont leur manière propre de résoudre les problèmes, en vue de restaurer et maintenir leur équilibre.

Il y aura risque de crise et de conflits lorsque l'intensité et la durée des embûches, difficultés ou stresseurs surpasseront la capacité individuelle de composer avec, ou surpasseront la capacité des mécanismes habituellement efficaces de résolution des problèmes. La machine s'enraye ou s'embourbe, l'échec accroît le stress, la communication devient défectueuse ou inopérante. Quand la maladie est grave, menaçante, longue, interminable, ponctuée de rechutes, d'aggravations, d'hospitalisations, il est facile de mesurer le poids de stress imposé à la personne malade en premier, mais aussi à son conjoint et à sa famille. Plus l'équilibre antérieur de chacune des composantes est fragile et plus l'équilibre antérieur des systèmes que sont le couple et la famille est précaire, plus grande sera la vulnérabilité de chacun, du couple ou de la famille.

Je vous invite, dans la mesure où vous le pouvez, à être vigilants et à activer le plus possible votre sensibilité à la vulnérabilité de chacun comme à la vôtre. Cela permet parfois de voir venir les conflits et de les éviter. Si malgré tout

Mise en garde contre les exploiteurs de l'espoir

Puisque je vous ai demandé de rester sensible à la vulnérabilité de l'autre et à la vôtre, je dois aussi vous mettre en garde contre les exploiteurs de l'espoir. Je vous ai dit ailleurs qu'il ne faut jamais tuer l'espoir. En revanche, votre espoir, et celui du malade, en particulier quand il y a des complications et que la maladie est longue, est aussi une belle porte d'entrée pour des exploiteurs, vendeurs de produits de toute nature qui promettent la guérison, le plus souvent à des coûts financiers faramineux, et ce, sans jamais pouvoir fournir de données de recherche probantes à l'appui de leurs promesses. Je ne l'invente pas. Je vois régulièrement des gens se faire vider le portefeuille par des gourous vendeurs de magie en poudres de toutes sortes. Ces produits, très chers, ne marchent pas. Vous m'aurez mal lu si vous pensez que je suis contre le recours à des techniques intégratives qui ajoutent au confort et à la qualité de vie. ▶

▶

J'en ai contre tout produit ou toute thérapie qui invite le patient à délaisser ses traitements médicaux, qui prétend agir mieux et qui promet la guérison. Promettre la guérison avec certitude, dans les cas de maladies graves, relève de la supercherie et de la plus grande malhonnêteté. Et vous qui accompagnez cette personne si tristement malade, je vous demande de la protéger contre ces vendeurs de rêves.

le conflit survient, il importe de le débusquer au plus vite, d'en trouver les causes sans s'accuser mutuellement, de vérifier la faisabilité et l'efficacité des stratégies de résolution qui sont habituellement les vôtres et si ça marche, tant mieux. Mais si ça ne marche pas, je vous suggère très fortement d'agir au plus vite pour éviter que ce conflit ne prenne des proportions inutilement grandes. Vous gagnerez à aller chercher de l'aide pour vous-même ou un membre de votre famille, pour le couple ou pour toute la famille. Le but recherché est de rendre à nouveau fonctionnels vos mécanismes habituels de résolution de stress et conflits, afin de retrouver le point d'équilibre qui vous caractérise, vous, votre couple, votre famille.

Bien d'autres complications peuvent apparaître sur la scène de la maladie sérieuse et longue de quelqu'un que vous aimez. Par exemple, il se peut qu'un membre de votre famille ait déjà eu des problèmes de santé mentale et ait déjà reçu des traitements pour cela. Il faudra veiller à ce que le stress que ce membre de la famille rencontre ne réveille pas sa maladie en rémission. Si cela devait arriver, il faudra amener cette personne fragile et déstabilisée à consulter de nouveau. En passant, le fait qu'une personne ait déjà souffert d'une maladie mentale ne signifie pas que sa maladie va se réactiver automatiquement dans ce contexte. Et surtout, cela ne signifie en rien qu'on doive, sous le prétexte bien intentionné de la protéger, la soustraire à ce qu'elle aussi a le droit de savoir, comme tous les autres membres de la famille, au sujet de l'état de la personne touchée par la maladie grave.

J'ai encore à la mémoire cet homme et cette femme qui barraient littéralement la porte de la chambre de leur sœur atteinte d'un cancer avancé et qui menaçaient de poursuites judiciaires quiconque lui dirait de quoi elle était atteinte. Je me suis assis avec eux pendant de longues heures. Marie et Pierre m'ont fait part de leur désir de protéger leur sœur contre les douleurs de la révélation du diagnostic. Il fallait bien admettre que cette jeune femme, selon l'histoire que sa sœur et son frère m'ont racontée, avait en effet connu bien des souffrances dans sa vie. J'ai aussi pu prendre la juste mesure de la douleur profonde de cette femme et de cet homme devant la perte éventuelle de leur sœur. Ayant bien pris le temps de les écouter et de reconnaître la validité de leur peine, ce sont eux qui finalement m'ont invité à rencontrer leur sœur, en leur présence, après leur avoir bien promis de ne rien révéler à la jeune femme sur son état. Contre toute attente, la rencontre a permis à la malade elle-même de dire à sa sœur et à son frère que selon elle, le fait d'être hospitalisée en oncologie et de subir tant de tests voulait bien dire pour elle qu'elle était atteinte de cancer. Ils ont beaucoup pleuré. Ensemble. Et en cours d'entretien, la patiente a eu la bonne idée, les connaissant sans doute mieux que moi, de leur dire de ne pas s'inquiéter, qu'elle n'allait pas se suicider.

Le suicide d'une personne très malade est possible. De cela aussi, il faut parler ici. En toute situation, il faut faire preuve de sensibilité et de réceptivité quand un proche parle de suicide. La maladie grave, longue et menaçante peut venir à bout de l'énergie et du moral de la personne malade qui envisagera le suicide comme le seul moyen restant pour mettre fin à sa souffrance. Cette souffrance peut être physique : mutilation du corps, perte d'autonomie, douleurs, perte d'énergie. Elle peut être aussi psychologique et morale : perte de l'estime de soi, de sa valeur sociale, sentiment d'inutilité.

Il faut en chercher les causes, propres à cette personne, et surtout, surtout, l'aider vous-même, ou l'aider à se procurer de l'aide professionnelle. Il m'est arrivé d'avoir connaissance du suicide – rare – de patients : tous, les proches et les soignants, se demandaient ce qu'ils auraient pu faire de plus. J'ai aussi rencontré plusieurs personnes gravement malades qui tenaient des propos suicidaires et qui, ayant pu exprimer leur souffrance, ont pu trouver d'autres façons de voir leur vie.

Enfin, mentionnons un dernier type de complication pouvant survenir durant une longue maladie, désagréable celui-là : les conflits ou les accrochages avec les soignants, qu'ils soient médecins ou autres professionnels de la santé. Cela arrive, hélas, parfois et il est important que ce genre de crise soit résolu au plus vite et au mieux, le succès des soins pouvant en dépendre. Je ne vais pas longuement élaborer sur ce sujet ni sur ses causes qui peuvent se trouver autant du côté des soignants que des soignés et de leurs proches. Les soignants ne sont pas parfaits ni toujours à leur meilleur. La plupart du temps, si je récapitule en vitesse les situations dont j'ai été témoin, il s'agissait de problèmes de communication. Cependant, il est arrivé que ces problèmes prennent des proportions exagérées, parce qu'on a tardé à en reconnaître les causes, tardé à intervenir, ou parce qu'une des deux parties s'est braquée. Je crois que ce qui peut rendre difficile la résolution des conflits entre soignants, soignés et proches, c'est, bien entendu, l'inégalité du rapport de forces qui existe naturellement lors qu'on est placé dans une position où l'on dépend de la personne qui va nous soigner, qui a le pouvoir et l'autorité. Mais même si cela est, pour le mieux être du malade, il ne faudra jamais hésiter à chercher une solution. À la limite, si le dialogue et toutes les autres façons de régler le problème échouent, il peut arriver, et cela peut toujours se faire, que l'on doive changer d'équipe soignante ou de médecin.

Le tableau des complications qui peuvent survenir n'est certainement pas agréable à regarder, j'en conviens. Je m'en voudrais de vous donner l'impression que la personne malade que vous accompagnez, ou vous-même, êtes inévitablement condamné à souffrir de l'une ou plusieurs de ces complications. Il faut que vous sachiez aussi qu'il est des cas d'espèce où les complications ne se matérialisent pas ou peu, qu'il est des personnes chez qui elles sont de courte durée et de faible intensité. Il importe surtout que vous reteniez que, dans une forte proportion, l'équipement psychologique naturel des gens suffit à surmonter les complications. Je souhaite aussi que vous reteniez que, dans les cas où cela ne se produit pas, nul n'est tenu à l'héroïsme et que c'est une attitude très respectable que d'aller demander de l'aide. Et de l'aide, il y en a.

conclusion
et avertissement

Le bout de chemin que nous venons de faire ensemble vous permettra peut-être de mieux venir en aide à cette personne malade qui vous tient à cœur. Si la situation dans laquelle elle se trouve présentement est de l'ordre de soins actifs, avec hospitalisation ou non, ou en suivi externe, que la maladie est stable et que les complications vous semblent maîtrisées, vous pouvez vous arrêter ici ou retourner en arrière vers les chapitres qui correspondent à la situation que vous traversez. Vous n'aimerez peut-être pas aborder la suite, et vous n'avez peut-être pas à le faire. Moi, je n'ai pas d'autre choix, je dois aborder la suite, malheureusement beaucoup plus sombre et lourde, celle où vous, ou la personne malade, vous apercevez que ça ne guérit pas, que ça ne va plus guérir, malgré tous les soins prodigués, et plus encore, vous voyez péricliter le malade de semaine en semaine, de jour en jour. **Encore une fois, si ce n'est pas votre situation présente, vous n'avez pas à lire les prochains chapitres.** Et je souhaite même que vous n'ayez jamais à les lire. Dans le cas contraire, ils sont là pour vous aider dans la mesure où des écrits le peuvent.

Deuxième partie
QUAND LA MALADIE EST PLUS FORTE QUE LE TRAITEMENT

Comment me suis-je retrouvée dans le bureau du docteur Quenneville? Oublié. Mais, je me rappelle très
clairement où j'étais et comment j'ai réagi quand
Jean, mon amour durant 23 ans, m'a appris, de sa
voix la plus douce, presque éteinte, sans me regarder,
qu'il était atteint de cancer et qu'il avait plus ou
moins un an à vivre. Je me rappelle où nous étions
quand tous les deux avons pris dans nos bras notre
fille encore adolescente pour le lui annoncer.

Jean avait survécu à un premier cancer sept ans plus
tôt. Examens, traitements, complications, rémissions,
nous étions alors passés par là. Jusque là, j'avais vécu
comme si la vie était infinie. À partir de ce moment,
chaque jour a revêtu des couleurs différentes, encore
plus riches et plus subtiles. Une frilosité face à la vie
s'était installée, permettant de mieux la célébrer. Et
puis la Faucheuse s'est annoncée. Pas tout de suite,
dans un an.

C'est complètement dévastée que je me suis retrouvée
dans le bureau du docteur Quenneville. Ma vie venait
de basculer. Mon pied glissait maintenant dans un
engrenage implacable. Je comprenais que cette fois, je
serais amputée d'une partie de moi. Je ne pouvais faire
face à la mort imminente de Jean. J'ai fait appel à mes
croyances, je me suis gavée de lectures apportant des
réflexions sur le sens de la vie et celui de la mort. J'ai
beaucoup pensé à ma fille qui n'aurait pas la chance
de grandir aux côtés de son père. Mais je n'arrivais
pas à penser à moi sans lui. Impossible.

Je me rappelle cette amie à qui je demandais comment elle avait fait quand son mari était décédé. Elle m'avait répondu que j'aurais la grâce. Je suis convaincue que le docteur Quenneville a reçu le don de distribuer cette grâce. C'est lui qui m'a accompagnée sur un sentier que je n'avais jamais fréquenté. Il a permis à l'inacceptable de devenir envisageable.

Voilà pourquoi quand le concept de la collection Vivre avec a pris forme huit ans plus tard, j'ai tout de suite pensé au docteur Quenneville pour ce livre. Ce qui était devenu une leçon de vie pour moi devait rayonner. Je le remercie d'avoir accepté de rédiger ce livre avec la collaboration du docteur Natasha Dufour, qui représente la relève et est spécialiste des maladies potentiellement mortelles.

Car c'est bien de cela qu'il va s'agir maintenant.

Lucie Côté, directrice de la collection Vivre avec

chapitre 7

L'irréversibilité

Au fil des ans, j'ai été la plupart du temps très fortement impressionné par la générosité des proches de mes patients, autant que je l'ai été, et le suis encore, par le courage et la détermination de ces derniers. Je l'ai aussi été, et le suis encore, devant la générosité et l'humanité des soignants que j'ai côtoyés. Il se trouve que ceux qui ne sont pas de ces lots sont l'exception.

Hélas, il serait naïf de notre part, la vôtre et la mienne, de ne pas nous rendre à l'évidence que malgré le courage des malades, malgré la générosité des proches et en dépit des soins adéquats et de la détermination des soignants, la maladie fait parfois des progrès, suit son cours et prend le dessus sur toute forme de traitement. Cela peut arriver, malheureusement, dans un grand nombre de ces maladies dites graves ou menaçantes.

Si vous avez décidé de poursuivre votre lecture, c'est probablement que vous savez que ça ne guérira pas. Malgré tous les soins reçus, toutes vos batailles et vos espoirs, vous constatez que la maladie gagne de plus en plus de terrain.

LÉOPOLD

Léopold me confie lors de ma tournée un matin qu'il sait que la fin est proche. Il est au chevet de son épouse Marthe atteinte d'un cancer de l'ovaire avancé. Elle a récemment été admise via l'urgence car elle vomissait tout ce qu'elle ingérait depuis quelques jours. Une « occlusion intestinale », selon les médecins. Léopold me dit, en la regardant dormir : « son ventre est de plus en plus gonflé, c'est l'ascite, et sa respiration est de plus en plus laborieuse. Vous n'avez pas remarqué comme ses cheveux sont plus gris et son teint plus verdâtre ? »

NATHALIE

Nathalie accompagne Oscar depuis bientôt trois ans. Elle est venue avec lui à l'hôpital pour chacun de ses rendez-vous et chacun de ses traitements. À la maison, comme il était « employé à plein temps comme malade », comme il disait, Nathalie, en particulier quand survenaient des complications, s'absentait parfois pour plusieurs semaines de son travail, afin de délester son homme et de se rendre plus disponible. Et disponible elle l'était d'une façon extraordinaire. Elle avait aussi choisi de venir me voir régulièrement pour que je l'accompagne là-dedans et que je l'aide à redresser sa trajectoire quand elle se sentait défaillir. Elle aimait Oscar profondément, le disait et le montrait. Elle n'a jamais failli à la tâche, mais je voyais bien qu'elle se fatiguait beaucoup et qu'elle redoutait que cela tourne mal pour Oscar. Elle avait peur de le perdre, peur qu'il ne voie pas vieillir Pauline, son adolescente de 15 ans, peur qu'il souffre. Le glissement fut graduel et très subtil et lentement, selon le rapport qu'elle me faisait de l'évolution d'Oscar, son discours changeait. Ce qui lui a vraiment mis la puce à l'oreille, ce fut de voir que son Oscar se retirait de plus en plus, se détachait. Nathalie voyait maintenant que son homme ne guérirait pas.

Peut-être êtes-vous en train de vivre des moments semblables. Même en n'étant pas médecin, vous voyez que des choses ont changé et surtout, vous voyez qu'elles ont changé différemment de lors des complications qui sont survenues par le passé. C'est là, parce que vous avez été assez présent aux événements et que vous connaissez bien cette personne malade, que vous avez commencé à soupçonner et puis qu'intuitivement, vous avez su qu'une nouvelle étape commençait. Et ça, peut-être même avant que les médecins vous le confirment.

Remarquez qu'il est aussi possible que la bascule vers la phase où ça ne guérira pas survienne soudainement, à l'occasion d'une complication que les traitements n'arrivent pas à juguler. Et là, vous n'avez pas eu le temps de voir venir, les événements se précipitent et vous ne savez plus quoi faire.

Malheureusement donc, il arrive que la maladie ne guérisse pas, qu'elle soit plus puissante que les traitements. Il n'est pas toujours possible de déterminer comment et pourquoi cela arrive ainsi. Il se produit une sorte de bascule. Le corps, par ses symptômes et signes, parle de plus en plus fort. J'oserais dire que c'est le corps qui dit que cela ne va plus, que cela ne guérira plus. Parfois, la soudaineté ou la rapidité avec laquelle cela se produit contredit les pronostics des médecins. Je dois avouer qu'il est fréquent que les annonces de « temps qui reste » s'avèrent inexactes ou complètement erronées.

Bien sûr, tout le temps, vous, lui ou elle, et nous, les soignants, avons eu pour objectif, sinon de guérir, à tout le moins de stabiliser la maladie, de « tamponner » ou éradiquer les symptômes et de maintenir la meilleure qualité de vie possible. Tout ce temps, il y a eu cet espoir, nécessaire, qui a permis de traverser les étapes difficiles dont nous venons de parler dans les précédents chapitres et de voir, comme on dit, de la lumière au bout du tunnel.

Pourtant, cela faisait déjà un bout de temps que vous y pensiez, que vous vous doutiez, que vous redoutiez que cela arrive un jour. Et plus récemment encore, quand vous avez vu le déroulement des événements, quelque chose en vous a fait qu'à un moment donné, vous avez su. Vous vous rappelez sans doute que dès le moment du diagnostic, de la révélation de la maladie, vous avez pensé que cela pourrait peut-être arriver. Cela n'est pas rare quand une maladie grave frappe. Je parle ici de cette terrible éventualité : la phase terminale. En principe, la phase terminale est cette étape où la maladie ne va plus guérir, où les moyens qui ont été jusque là mobilisés pour la traiter ne sont plus efficaces et où désormais, il faudra envisager la fin de la maladie et aussi la fin de la vie. Et là, la prise de conscience de notre vulnérabilité devient soudainement très présente.

Pour être plus nuancé, avant de parler vraiment de phase terminale où la mort est au bout, disons que nous sommes à une étape intermédiaire si l'on veut, où, peu importe la maladie en cause, les objectifs de traitement ne sont plus curatifs, c'est-à-dire visant la guérison, mais palliatifs, c'est-à-dire visant le soulagement des symptômes, mais sans espoir de guérison. C'est l'étape de palliation qui précède, et souvent de loin, j'insiste, souvent de loin la phase terminale, et se poursuivra dans celle-ci. C'est pour cela que ce que je viens de dire à propos de la phase terminale reste une définition imparfaite, car ça ne se passe jamais exactement comme cela. On ne passe pas du jour au lendemain à l'étape finale de la vie. C'est plutôt un processus, parfois rapide, parfois aussi très lent.

Plusieurs signes ont pu vous indiquer que le malade ne guérirait plus : une nouvelle douleur suspecte, une respiration irrégulière et laborieuse, une insuffisance rénale ou une insuffisance cardiaque, les poussées de sclérose en plaques qui se multiplient, les amputations diabétiques, les CD4 qui ne cessent de baisser et la charge virale qui ne cesse d'augmenter dans le cas du VIH, les infections opportunistes qui importunent, les signes de cirrhose qui se manifestent de plus en plus (angiomes stellaires, tête de méduse, gynécomastie, atrophie testiculaire, ascite, tendance à l'hémorragie et encéphalopathie). La personne malade, tout comme vous, a elle aussi noté ces signes et ces nouveaux symptômes. Par conséquent, il se peut qu'elle devienne plus anxieuse, plus irritable, apeurée, avec des changements fréquents d'humeur. Il se peut que tout ce que vous faites ou ce que vous dites soit mal perçu, critiqué. À cette étape de leur combat, certaines personnes malades feront le choix de s'isoler, exprimant ainsi leur colère ou une forme de dépression. Il est difficile pour le malade de se détacher, de faire le deuil de tout ce qu'il a aimé et aime encore, de neutraliser l'angoisse de la finitude.

De la même façon, il vous est difficile de constater l'irréversibilité et de vous y résoudre. Plusieurs questions surgiront : Y-aura-t-il assez de temps pour ce qui reste à faire et à dire? Comment arrivera la mort? Où? Quand? Qui sera là? Il vous semblera avoir perdu vos points de repère. Viendra un moment où vous vous direz : c'est assez, il faut que la mort survienne. Vous vous surprendrez à souhaiter la mort de la personne que vous accompagnez, vous en viendrez à souhaiter que l'on abrège sa vie. Ces pensées vous feront probablement sentir très coupable et honteux. Encore une fois je tiens à vous rassurer : ces pensées sont normales et humaines. Elles ne sont que l'expression de votre fatigue, de votre épuisement, et aussi de votre amour. Je dis bien amour. Pourquoi ? Simplement parce que quand nous voyons souffrir une personne que nous aimons, nous souhaitons tous que sa douleur soit allégée.

Cette période est véritablement une période à « géométrie variable ». Vous, comme la personne que vous aimez, êtes confronté à des évidences qui vous bousculent. En même temps, ni elle ni vous n'avez envie de démissionner, de lâcher prise. Vous espérez encore que quelque chose va se produire, un retournement heureux de la situation, une éclaircie dans le brouillard. Il est vrai, et vous avez raison, qu'il est extrêmement difficile en la circonstance de renoncer à cet espoir qui vous mobilise depuis des mois, voire, des années. Vous ressentez peut-être de l'angoisse, de la tristesse, de l'ambivalence aussi. Il vous arrive d'en vouloir au malade de vous laisser tomber après tout ce que vous avez fait de sacrifices. Vous en voulez parfois aussi aux médecins, au système de santé, au destin, à Dieu peut-être. Vous éprouvez des mouvements de colère.

Vous n'avez pas tort. Il est extrêmement difficile de se représenter la perte de quelqu'un qu'on souhaite garder avec soi, pour soi.

Je vous confesse que j'en ai personnellement un peu contre ceux qui prêchent l'acceptation et la résignation à tout prix. Non pas que je sois partisan du déni, mais je pense qu'il faut reconnaître que parfois, pour certaines personnes, toutes ces évidences sont proprement inacceptables et que pour toutes sortes de raisons, elles ne pourront pas accepter. Il ne sert à rien de leur pousser cela dans la gorge. Cela ne passera pas. Il faut savoir respecter cette limite. L'acceptation de la tournure défavorable des événements est possible. Plusieurs y arrivent, mais d'autres pas. Il est probable que vous-même puissiez osciller entre les deux états d'âme ou que vous remarquiez que parmi les vôtres, tous ceux qui gravitent autour du malade, certains se résignent et d'autres non. Cela vaut pour le malade lui-même. Parfois, même devant l'évidence, il se rebelle, veut se battre encore, et parfois il s'incline. Permettez que je vous dise que c'est aussi comme ça pour nous, les soignants. Du reste, peut-être qu'une partie de ce qu'on appelle l'acharnement thérapeutique relève de cette ambivalence. Pour ma part, je ne vois pas d'autre solution que la tolérance devant les extrêmes que le patient et vous-même pourriez traverser durant cette période trouble et troublante.

Dans cette période fertile en bouleversements émotifs, toutes sortes de questions seront soulevées. Peut-être que les médecins aborderont avec vous des questions vitales comme : faut-il arrêter les traitements ? faut-il procéder à des manœuvres de réanimation si un arrêt cardio-respiratoire survient ? Ce sont des questions d'ordre médical. Mais d'autres questions, tout aussi importantes, s'imposeront à vous. Par exemple, que dire aux enfants ?

Oscar et Nathalie avaient deux filles : Pauline, adolescente de 15 ans, très attachée à son père et Rose, 23 ans, née d'un premier mariage d'Oscar. Celle-ci avait eu au fil des dernières années une relation tumultueuse avec Oscar et était presque à couteaux tirés avec sa belle-mère, Nathalie. Cette dernière était très angoissée à ce propos. Elle ne savait pas trop comment aborder la question avec Pauline, craignant qu'elle ne puisse supporter l'évidence que son père n'allait pas guérir, et elle ressentait une certaine urgence vis-à-vis de Rose qu'elle souhaitait voir se réconcilier avec son père. Lorsqu'elle m'en a parlé, me demandant quoi faire, je lui ai simplement dit qu'à mon point de vue, elle connaissait Pauline mieux que moi et qu'elle devrait en parler avec elle en commençant non pas en disant des choses, mais en posant des questions à sa fille. Elle pourrait au moins savoir ce que Pauline, que je soupçonnais être plutôt éveillée, saisissait de la situation. Quant à Rose, il me semblait qu'il appartenait à Oscar lui-même, à l'incitation de Nathalie peut-être, de faire ce qu'il jugerait bon de faire. Il en est sorti le résultat espéré pour

Pauline, c'est-à-dire une syntonisation des informations et des émotions qui s'est bien passée. Pour Rose, ce fut moins simple. De vieilles affaires enkystées n'ont pu être résolues. Malheureusement, ce qu'on souhaite n'est pas toujours possible.

Devant l'éventualité que le pire, la mort, la séparation définitive pourrait arriver, les questions simplement matérielles se posent en plus des questions émotives et des questions médicales. Elles peuvent même se présenter d'une manière impérieuse. Il n'est pas rare en effet que dans un couple, ce soit une seule personne qui s'occupe des finances et de la gestion des avoirs de la famille et que ce soit l'autre personne qui s'occupe de la gestion domestique au quotidien. C'est parfois lorsque cette phase survient qui dit que le malade ne va pas guérir, que soudainement, ses proches se rendent compte de ces particularités.

Si c'est votre situation, vous allez vous demander comment aborder les questions de testament, comptes bancaires, mandat en cas d'inaptitude, etc. Vous êtes peut-être gêné de même y penser et n'osez ou ne savez pas comment les aborder. Pourtant, il est sans doute préférable de le faire. Peut-être aurez-vous la surprise de constater que le malade est lui aussi préoccupé par ces questions, que cela ne le traumatise pas d'en discuter, qu'au contraire cela va le rassurer et le soulager. Et si vraiment vous n'y arriviez absolument pas, je vous rappelle encore une fois qu'il y dans le dispositif de soins des personnes tout à fait qualifiées, travailleurs sociaux, infirmières de liaison, médecin-soignant, par exemple, qui pourraient vous aider ou simplement ouvrir la voie à des discussions ultérieures entre vous.

De plus, une des grandes questions qui vous taraude ne serait-elle pas : est-ce que je vais savoir quoi dire? Pour faire simple, je dirais avant tout que dans une situation délicate et qui effraie, comme celle que vous traversez, il n'est pas absolument toujours nécessaire de parler. Il faut en tout cas éviter de parler pour ne rien dire. Combien de fois ai-je entendu des personnes gravement malades me confier qu'elles n'avaient rien à faire de paroles creuses du genre : « ne t'en fais pas, ça va bien aller » (alors que ça va de plus en plus mal!), ou encore : « je sais ce que tu ressens » (si tu le sais pourquoi je te dirais ce que moi je ressens?). Et il y en a des pires. Les phrases les plus utiles sont plutôt du genre : « je t'aime », « je suis là, je ne te lâche pas », « tu peux me dire tout ce que tu ressens, mais je peux tolérer que tu n'aies pas le goût de parler » ou encore : « il y a des fois où je ne sais pas vraiment quoi dire et je me sens vraiment impuissant ».

Suzanne, une célibataire vivant seule que je voyais régulièrement à mon bureau, me faisait un jour ce commentaire : « je sais que je m'en vais parce que mes amis me fuient de plus en plus. On dirait que

> Une des grandes questions qui vous taraude ne serait-elle pas : est-ce que je vais savoir quoi dire? Les phrases les plus utiles sont plutôt du genre : « je t'aime », « je suis là, je ne te lâche pas ».

un proche gravement malade

pour eux, je suis déjà morte. Merde! je suis vivante! Il me semble que ce n'est pas normal que je doive venir vous voir pour me faire entendre. Il me semble que mes amis, je ne devrais pas avoir à leur qué-mander une visite. »

De son côté, Thomas, qui avait dû quitter la grosse firme qui l'employait, a vécu quelque chose de très dif-férent. Il m'a téléphoné un jour pour me demander si j'accepterais de rencontrer ses collègues de travail. Je me suis retrouvé dans les locaux de sa compagnie devant une vingtaine de jeunes personnes qui voulaient parler de ce que cela leur faisait de voir dépérir Thomas et voir comment ils pourraient l'aider chez lui.

> Au final, une simple présence physique, un sourire, une caresse font certainement plus de bien que des paroles creuses ou que l'évitement pur et simple.

Ces deux exemples montrent bien à quel point les attitudes des proches sont variées dans ces circonstances et aussi, dans le cas de Suzanne, quel malaise peut s'emparer des proches devant l'évolution défavorable de la maladie. Pourtant, dans les deux cas et dans beaucoup de cas, même si ça va mal, ils sont VIVANTS! Au final, une simple présence physique, un sourire, une caresse font certainement plus de bien que des paroles creuses ou que l'évite-ment pur et simple dont se plaignent souvent les malades dont l'entourage se fait de plus en plus rare quand ça va plus mal, alors que c'est précisément dans ces moments qu'ils ont le plus besoin de présence, de simple présence!

Autre question. À ce moment de l'évolution sociale, on parle beaucoup de soins à domicile, de maintien à domicile, d'aidants naturels. Lorsqu'une personne est gravement malade et que la médecine dite curative a atteint ses limites, quand il arrive encore d'entendre des phrases du genre : « il n'y a plus rien à faire », la question du maintien à domicile se pose souvent. Elle peut être soulevée par les médecins, le système hospitalier, le CLSC, le malade lui-même. Vous-même y pensez sans doute. La pression peut être forte, très forte pour garder le malade à la maison.

Pour ma part, je suis en faveur du maintien à domicile. Mais pas à n'importe quel prix. Je suis d'accord si le dispositif matériel de maintien est efficace et si un filet de sécurité est prévu en cas de déficience du dispositif, c'est-à-dire la possibilité d'une aide professionnelle à domicile ou d'un retour à l'hôpital. Je pense aussi que le maintien à domicile, qui n'est pas toujours une affaire simple et facile, ne doit condamner ni le malade, ni ses proches, ses aidant naturels, à l'héroïsme et à l'épuisement.

Combien de temps va durer cette étape intermédiaire entre les visées curatives et la redoutée phase terminale proprement dite? Encore une fois, il est impossible de le prédire avec exactitude. Parfois courte, elle peut être aussi très longue, durer plusieurs mois, selon la maladie en cours. C'est pour cela que le risque d'épuisement physique et émotif des proches est possible. Comme je vous le suggérais plus

> Il y a un prix à payer en fatigue physique et émotive quand on s'occupe de quelqu'un qui est gravement malade. Je vous invite donc à écouter votre propre détresse, si elle se manifeste.

tôt, si vous avez enfants, famille et amis et que vous pouvez compter sur leur générosité, il est bon que vous aussi puissiez vous ressourcer et vous reposer. Il y a un prix à payer en fatigue physique et émotive quand on s'occupe de quelqu'un qui est gravement malade. Je vous invite donc à être franc avec vous-même, à écouter votre propre détresse, si elle se manifeste, et à vous laisser aider et écouter par les gens qui vous entourent. Peut-être aurez-vous besoin, comme à d'autres moments au cours de cette longue route, de l'intervention d'un professionnel en santé mentale ou en service social. Informez-vous aussi des programmes gouvernementaux d'aide aux proches et aidants naturels.

La lecture de ce chapitre vous aura fait penser à tout ce qui se passe d'affreux, d'inquiétant, de désespérant, d'enrageant et de déprimant, depuis le moment où vous, les médecins et le malade en êtes venus à la redoutable conclusion que ça ne va pas guérir et que le pire va venir éventuellement. Loin de moi l'envie ou l'intention de minimiser la lourdeur de ce que vous vivez. Quand même, je me permettrai, au risque de déplaire aux plus cyniques, de vous dire que les témoignages que j'ai recueillis au fil des ans et les observations que j'ai eu le privilège de faire ne sont pas toujours aussi sombres que le laissent croire les concepts de phase pré-terminale ou d'impossibilité de guérison. Combien de fois assistons-nous, paradoxalement, à la faveur des événements douloureux dont je parle, parce que les rôles familiaux se modifient, parce que l'équilibre est réaménagé et redéfini, à ce que j'appellerai des découvertes : de nouvelles habiletés, de nouveaux talents, de nouvelles façons de faire et de vivre les relations interpersonnelles.

Cette phase, à n'en point douter difficile, dont vous êtes à la fois l'acteur de soutien et le spectateur, est souvent émaillée de moments de calme, de douceur, de tendresse, parfois même de sérénité, de joie et, le croirez-vous ?, de rires. Ces moments sont rendus possibles lorsque a pu s'installer une ambiance de franchise, de transparence, de chaleur, d'amitié et d'amour. Ainsi que me l'ont souvent dit en *a parte* des malades à propos de leurs proches, ou des proches à propos de ce qu'ils ont vécu, il arrive que certaines personnes voient, dans la tourmente indéniable des événements, des percées dans les nuages. Elles en ressentent du bonheur, ont le sentiment de faire des découvertes inestimables et surtout, même lorsque le pire est arrivé, n'ont aucun regret d'avoir jusque dans cette phase partagé, donné et aimé.

Nous devrons, dans le prochain chapitre, aborder la vraie phase terminale, celle où la mort est certainement au bout, le vrai dernier bout de vie. Là encore, il y aura beaucoup à faire et à vivre.

> Cette phase, à n'en point douter difficile, est souvent émaillée de moments de calme, de douceur, de tendresse, parfois même de sérénité, de joie et, le croirez-vous ?, de rires.

un proche gravement malade

99

chapitre 8

L'approche de la mort

Nous y voilà. Nous arrivons à cette nouvelle étape, la dernière, celle où la mort se pointe avec certitude. Rappelez-vous les débuts de la maladie. Déjà à ce moment-là et tout au long des traitements, vous, et le malade aussi, bien sûr, avez pensé que cela pourrait arriver. Mais c'était le début d'un long périple chargé d'espoir, de résultats favorables, de rémissions, de complications jugulées, de sorte que vous avez eu, tout ce temps, de bonnes raisons de nier la mort ou du moins de ne pas y penser. Et vous aviez raison. Évidemment, lorsqu'on vous a dit que ça ne guérirait pas, vous vous êtes mis à y penser un peu plus à nouveau, mais vous aviez envie d'espérer d'une manière un peu folle que le temps et je ne sais quoi d'autre allait renverser la situation et que la personne que vous aimez pourrait échapper aux pronostics et aux statistiques. Mais maintenant, vous ne vous sentez plus en mesure de marchander avec le temps. Il vous échappe vraiment et vous devez vous rendre à l'affreuse évidence.

Les évidences sont venues de toutes parts. Tous les signes et symptômes qui étaient présents dans la phase intermédiaire se sont mis à s'accentuer en accéléré. Vous avez vu chez la personne malade ses forces diminuer, ses douleurs augmenter, son état de conscience s'obscurcir. L'autonomie n'est plus au rendez-vous, son monde semble se rétrécir.

À moins que la personne malade ne s'en soit aperçue toute seule, et cela n'est pas rare, ou qu'elle ait décidé d'elle-même que désormais elle ne veut plus de traitement parce que sa qualité de vie se détériore en dépit et parfois à cause même des traitements, normalement, ce sera au médecin de discuter la situation et les options avec elle. Pas d'abord avec les proches. Ni à son insu. Bien entendu, il est souhaitable que cela se passe en présence d'un proche, comme au moment du diagnostic. Encore une fois, il s'agit de s'assurer que tout le monde comprend la même chose, que l'information transmise soit la même pour le malade et pour vous. Chose certaine en tout cas, ce n'est pas à vous, ce n'est pas aux proches que revient la délicate tâche d'annoncer au malade à quel stade son état est arrivé.

De leur côté, les soignants, à l'hôpital et chez vous, aborderont sans doute, d'abord avec lui (dans le meilleurs cas du moins), puis avec vous et les vôtres, la possibilité de transfèrement dans une unité de soins palliatifs. Vous en êtes tout bouleversé et franchement, il y a de quoi.

C'est, à n'en point douter, un moment grave.

Imaginez un instant votre propre mort, votre propre disparition. Cela a dû vous arriver au moins une fois dans votre vie. Le vertige que provoque la pensée de notre mort nous oblige à tout faire pour cesser d'y penser. Mais cette fois, il s'agit de la disparition de cette personne que vous chérissez et que vous avez soutenue tout au long de sa maladie, et il n'est pas question de cesser d'y penser. Sachez-le dès maintenant, il n'est pas vrai, ainsi qu'on l'entend souvent dire, qu'il n'y a « plus rien à faire ». Au contraire, vous pouvez encore faire beaucoup avec et pour la personne malade. Je ne parle pas ici seulement des soins de « palliation » qui peuvent être prodigués, mais aussi de l'accompagnement que vous pouvez offrir. Accompagner : c'est ce que vous voudrez sans doute accomplir maintenant que la personne que vous aimez arrive au dernier bout de sa vie.

Tout le monde, ou à peu près tout le monde, a entendu parler des écrits de la célèbre psychiatre Elizabeth Kübler-Ross qui a fait œuvre de pionnière en relatant ce que lui racontaient des patients qui avaient justement à affronter la fin de leur vie. Comme vous le savez sans doute, elle a décrit et nommé cinq étapes de la phase terminale : le déni, la colère, le marchandage, la dépression et la résignation. Tout en reconnaissant que ces étapes peuvent se produire, je dois tout de suite déboulonner la croyance qui veut que ce soit là un cheminement obligatoire. À vrai dire, cela se passe rarement ainsi. On aura mal lu ou mal compris le propos de Kübler-Ross si c'est ainsi que l'on voit les choses en voulant accompagner quelqu'un qui va mourir.

Accompagner. C'est un mot très important que je crois nécessaire de clarifier avant d'en venir aux réactions que vous pourriez rencontrer chez la personne malade. Il faut bien comprendre qu'accompagner n'est pas guider. Quand vous accompagnez, vous vous tenez tout près de l'autre et empruntez le chemin de l'autre. Voilà pourquoi accompagner n'est pas facile. Il est en effet difficile de mettre de côté ce que l'on croit bon pour l'autre parce que l'on pense que c'est bon pour soi.

L'approche de la mort de votre proche vous cause du chagrin, mais soulève aussi beaucoup de questions pressantes et stressantes, des questions qui s'adressent à la personne malade et à vous qui vous faites du souci pour elle. J'en mentionne quelques-unes en sachant que je ne pourrai pas toutes les évoquer ici :

- Combien de temps reste-t-il?
- Comment cela va-t-il se passer?

- Aura-t-il de bons soins?
- Souffrira-t-il?
- Est-ce correct de lui donner de la morphine?
- Comment annoncer cela aux enfants (surtout s'ils sont jeunes ou ados)?
- Devrions-nous parler de testament? De mandat en cas d'inaptitude?
- Comment dire adieu? Est-ce correct de parler de cela? Est-ce que cela risque d'abréger ses jours?

Toutes ces questions en même temps, et ce temps qui se fait court, trop court…

D'abord, disons tout de suite que même en phase terminale, il est difficile de prédire avec précision le temps qui reste, sauf peut-être quand c'est une question d'heures et que la condition médicale du patient est vraiment très mauvaise. Le temps n'est pas entre nos mains et bien souvent, j'ai vu des pronostics ne pas s'avérer exacts, en plus comme en moins. Il faut répondre la même chose à la question : comment cela va-t-il se passer? Les scénarios sont aussi variables que les maladies. Pour chaque maladie aussi, les scénarios sont variables et enfin, pour une même maladie, les scénarios varient infiniment selon les individus. Donc il se peut bien qu'à cette question, vous ne receviez pas de réponse qui vous satisfasse. C'est bien décevant pour vous parce que vous avez de la peine et vous ne voulez pas voir souffrir la personne que vous accompagnez.

> Même en phase terminale, il est difficile de prédire avec précision le temps qui reste, sauf peut-être quand c'est une question d'heures et que la condition médicale du patient est vraiment très mauvaise.

Vous souhaitez qu'elle reçoive de bons soins, et vous avez raison. Si le malade est en mesure de discuter des options, il est nettement préférable de le faire le plus naturellement possible, avec franchise et compassion. Les soins se feront-ils à domicile? Le CLSC sera-t-il mis à contribution? Y aura-t-il des visites médicales à domicile? Sinon, y a-t-il des soins accessibles en milieu hospitalier? Depuis plusieurs années, au Québec, on a mis en place des unités de soins palliatifs de plus en plus nombreuses, soit dans des hôpitaux, soit dans des maisons de soins palliatifs. Parfois, les soins palliatifs spécifiquement destinés aux patients en phase terminale sont prodigués par des équipes mobiles de soins qui œuvrent soit en milieu hospitalier, soit à domicile. Il ne fait aucun doute dans mon esprit que ce sont ces soins spécialisés qui sont le mieux en mesure de pallier les multiples symptômes qui peuvent survenir à la phase terminale et je vous suggère fortement d'en vérifier la disponibilité dans votre voisinage. Les équipes de soins palliatifs préconisent une approche multidisciplinaire et multidimensionnelle du patient mourant. Elles sont particulièrement sensibles au traitement et au contrôle de la douleur et compétentes pour les appliquer.

À ce sujet, vous avez sans doute entendu dire que les médecins de soins palliatifs prescrivent de la morphine pour traiter les douleurs de la phase terminale (et même bien avant cela, dès que les douleurs apparaissent). La morphine (et ses dérivés analogues) demeure le meilleur moyen disponible pour traiter les douleurs importantes. Elle est efficace, et de plus, le malade peut garder un état de conscience adéquat et continuer d'interagir avec les siens, d'exprimer ses désirs et volontés, de prendre des décisions. Je me permets de déboulonner avec vigueur le mythe selon lequel l'administration de morphine soit une forme passive d'euthanasie. L'euthanasie ne peut pas être passive. Elle ne peut être qu'active et se faire d'un seul coup, d'une dose massive, intentionnelle. Cela n'est pas le cas du traitement de la douleur, loin s'en faut, qui est « monitoré », vérifié et corrigé assidûment et qui au final, une fois le soulagement obtenu, prolonge parfois au contraire la durée de survie avec une meilleure qualité de vie.

Le fond de ma pensée, c'est que la douleur et l'angoisse sont des voleuses d'énergie. Elles doivent être neutralisées le plus possible.

Vu ainsi, le soulagement de la douleur est important, ainsi que je le mentionnais plus haut, en ce qu'il permet au malade, même mourant, une fois la douleur mise en sourdine, de s'occuper d'autres choses aussi importantes, comme interagir avec les siens, ses enfants notamment. Ce qui nous amène à la question : comment annoncer aux enfants que la fin est proche? Tenons pour acquis, afin de

Le fond de ma pensée, c'est que la douleur et l'angoisse sont des voleuses d'énergie. Elles doivent être neutralisées le plus possible.

simplifier les choses, que vous êtes une famille raisonnablement normale (avec ses défauts et ses particularités) et que vos enfants sont eux aussi raisonnablement normaux. Bien que les informer de ce qui est en train d'arriver et de ce qui s'en vient puisse paraître une tâche risquée, voir impossible, cela n'est pas le cas. Je n'essaie pas de minimiser ce que cela peut vous faire d'être au cœur de ce dilemme. Pas du tout. J'essaie simplement de vous rassurer en vous disant que j'ai maintes et maintes fois discuté avec des parents qui étaient dans votre situation et qui y sont arrivés. Bien entendu, il faut y aller avec tact et délicatesse. Mais il faut aussi, l'amour que vous leur portez aidant, y mettre de la transparence et de la franchise. Dire la vérité ne signifie pas assener la vérité. Comme je vous l'ai dit au chapitre précédent, tenez pour acquis que vos enfants sont probablement mieux informés que vous ne le croyez, qu'ils ne sont pas aussi fragiles que vous le redoutez et que comme tous les enfants – et en particulier les adolescents –, ils ont le mensonge en horreur.

VINCENT

J'ai le souvenir très vivant encore de Vincent, 12 ans, dont la maman allait mourir. Son père, qui avait entendu Vincent sangloter seul dans sa chambre craignait que celui-ci « déprime » s'il lui disait ce qui se passait pour sa mère. Heureusement, le père a eu l'heureuse idée d'en parler à un membre de notre équipe. J'ai rencontré le père et lui ai simplement suggéré de poser des questions à Vincent, plutôt que de débarquer dans sa chambre avec des informations. Mon pari était que Vincent savait. Et bien sûr qu'il savait! Plus tard, alors qu'il était dans la kitchenette de notre unité de soins palliatifs avec son père, il a su dire, à sa façon toute adolescente : « je ne savais pas trop si mon père me prenait encore pour un enfant ou s'il me prenait pour un cave. »

Si, pour une raison ou une autre, vous ne vous sentez vraiment pas la capacité de mettre vos enfants au courant de la tournure des événements, ou que l'un de vos enfants est déjà en difficulté, scolaire ou psychologique, plutôt que de le priver de l'information (et je dirais du respect qui vient avec) à laquelle il a droit, n'hésitez pas à demander l'aide de personnes spécialisées en psychologie ou psychiatrie de l'enfance ou de l'adolescence. Parfois même, il est arrivé que les parents puissent le faire eux-mêmes, mais en présence d'un soignant qui les rassurait. Au moins, si cela n'a pas déjà eu lieu, cela donnera au malade et à ses proches la possibilité de se dire adieu. J'y reviendrai bientôt.

Mais d'autres questions vous taraudent, comme celle du testament et celle du mandat en cas d'incapacité. Je vous dirais que pour ce qui est du testament, il n'est pas absolument nécessaire d'aborder la question sauf, bien entendu, si le malade en prend lui-même l'initiative et veut vous en parler. Quant au mandat en cas d'inaptitude, s'il existe, vous le savez sûrement déjà. Sinon, l'équipe de soins devrait prendre le temps de discuter avec vous des options dont vous disposez. En boutade, je vous dirais que ces choses-là, pour chacun d'entre nous, devraient être réglées bien avant d'être malade.

Et pendant que toutes ces questions que nous venons d'aborder – très imparfaitement, je le sais bien – s'imposent et s'accumulent, vous vivez bien d'autres choses intérieurement. Vous voulez accompagner cette personne que vous aimez, vous voulez le faire le mieux possible et surtout, vous ne voulez pas commettre d'erreur. Je trouve important de vous dire que le meilleur accompagnement, et le plus souhaitable, est – bien avant celui des soignants et des psys – celui des proches. D'abord, parce que vous connaissez cette personne mieux que n'importe lequel d'entre nous et ensuite, et surtout, parce que vous l'aimez.

Je dirais que le plus difficile, en matière d'accompagnement des malades et en particulier des mourants, c'est de savoir reconnaître les besoins et désirs du malade sans jamais les confondre avec les siens propres. Il s'agit, en d'autres termes, de savoir mettre de côté ses propres besoins et ses propres crédos et de concentrer son attention sur ceux du patient. Cela n'est pas facile, mais c'est faisable. Quand on y arrive, il est alors possible de suivre le patient dans *sa* trajectoire, de se syntoniser à ses émotions et de le réconforter par une présence attentive et chaleureuse.

La perte appréhendée ou réelle d'une personne qu'on aime et dont on partage la vie n'est jamais un événement anodin, quelle qu'ait été la qualité ou la vigueur de la relation, qu'il s'agisse d'un conjoint, d'un parent ou d'un enfant, tous âges confondus. Elle provoque des douleurs émotives proportionnelles à la valeur de cette personne dans notre vie. Vous l'avez constaté en me lisant : ma position professionnelle me permet d'observer et d'écouter. C'est de là que je peux vous affirmer ma confiance que dans la plupart des cas, même quand la relation n'est pas idéale, pas au mieux ou même quand elle n'est que tiède, les moments vécus en accompagnement d'un proche ouvrent la voie à des rapprochements et à des retournements relationnels qui font plaisir à voir pour tout professionnel qui pense que les gens ont beaucoup de talents qu'ils ignorent et qu'ils peuvent la plupart du temps faire très bien sans aide extérieure. Après tout, vous avez jusqu'ici accompagné cette personne depuis le début de sa maladie et au fil des événements, pas toujours heureux. Vous avez maintenant une bonne idée de ce que vous avez fait qui a réussi, de ce qui a moins bien réussi, et en plus, vous avez l'atout de connaître cette personne mieux que n'importe quel professionnel.

> Je peux vous affirmer ma confiance que dans la plupart des cas, même quand la relation n'est pas idéale, les moments vécus en accompagnement d'un proche ouvrent la voie à des rapprochements.

Si jamais la situation devenait trop douloureuse ou difficile pour vous, il vous est toujours possible de trouver de l'aide extérieure qui vous permettra de rectifier la trajectoire. Et comprenez moi bien, je ne parle pas ici de thérapie, mais bien d'interventions brèves ou ponctuelles.

Peut-être avez-vous déjà vécu d'autres décès, d'autres pertes par le passé. Peut-être vous rappelez-vous ce que vous avez ressenti alors, ce que vous avez appris qui vous servira cette fois encore. Peut-être même votre expérience antérieure sera-t-elle utile aux autres qui vous entourent.

Chose certaine, dans ces moments pénibles, la gamme des émotions et des réactions possibles est si vaste que je veux terminer ce chapitre en vous invitant à vous attendre à ce qu'il en soit ainsi pour vous-même et pour chaque membre de votre famille. Chacun a droit à sa manière de réagir. Si vous le pouvez, essayez de vous montrer tolérant envers eux et envers vous-même et de respecter les différences individuelles dans la façon de composer avec ce décès qui approche.

chapitre 9

Les adieux

Le moment redouté approche. Peut-être vous sentez-vous dépassé par les événements qui se bousculent. Peut-être avez-vous le sentiment que ça va trop vite, que vous n'y arriverez pas, que certaines choses importantes risquent de vous échapper. Je reconnais que cette étape n'est pas insignifiante et que s'il est tout à fait légitime de vouloir y trouver un sens, voire une cohérence, il est difficile de lui en donner un. Je vous annonce que le fil conducteur ne sera pas nécessairement facile à trouver ni à suivre. Car tant de questions, d'incertitudes et de doutes pourront se dresser devant vous.

Au cours de cette étape, la phase terminale, un certain nombre de questions se présentent. Comme l'imminence de la mort d'un être cher signifie un départ irréversible, une séparation finale, la question des adieux se pose. Je n'ai aucun mal à imaginer que cette question vous

Vous vous
demanderez peut-
être : faut-il ou pas
faire ses adieux ?
Si oui, comment ?
Y a-t-il un bon
moment ? Et,
à quoi et à qui
servent-ils ?

ait déjà préoccupé vous aussi. Ne sommes-nous pas tous, à des degrés divers, sensibles aux pertes, aux séparations ? De fait, ne passons-nous pas toute notre vie à nous séparer et à composer avec des pertes ? Nous nous séparons du sein maternel, quittons le domicile familial, perdons éventuellement nos parents, subissons quelques pertes d'emploi ou d'argent, vivons des séparations amoureuses. Bien entendu, certaines pertes sont plus importantes que d'autres et par conséquent, les traces et les cicatrices qu'elles laissent le seront aussi, selon que la relation aura été plus ou moins intime, plus ou moins heureuse, plus ou moins longue, plus ou moins intense. Dans tous les cas, vous conviendrez qu'il est difficile de dire adieu.

Quand un décès survient soudainement – crise cardiaque, accident d'automobile ou autre –, les chances de faire des adieux sont inexistantes. La mort est inattendue et le deuil, brutal. Les adieux, si l'on peut encore les appeler ainsi, se font *a posteriori*, après-coup, et se vivent aussi dans un registre qu'on pourrait qualifier d'intérieur, rien n'ayant permis de se préparer et de revoir la personne maintenant disparue.

Mais dans le cas qui nous concerne, celui d'une maladie grave, au long cours, et menaçante, l'affaire est bien différente. On a du temps devant soi, mais nous l'avons dit plus d'une fois jusqu'ici, le temps est une denrée complexe, en l'occurrence quand il s'agit de la maladie de quelqu'un qu'on aime, qu'on aimerait garder pour soi longtemps encore mais dont le sort est rien moins qu'incertain. Ce dilemme du temps se pose de façon aiguë lorsque la maladie se fait menaçante. Vous vous demanderez peut-être : faut-il ou pas faire ses adieux ? Si oui, comment ? Y a-t-il un bon moment ? Et, dans un autre ordre d'idées, à quoi et à qui servent-ils ?

Au risque de me répéter, et ne m'en veuillez pas trop, ce sont des questions pour lesquelles il n'existe pas de réponse absolue qui serait valable pour tout le monde. Si je devais vous proposer des exemples, le livre que vous lisez s'allongerait énormément. Essayons quand même de poser des balises et vous verrez pour vous-même ce qui vous convient et comment vous pourriez faire.

Comme je le disais plus haut, il y a des passages dans nos vies qui sont plus exigeants que d'autres : avouer ses torts, demander pardon, pardonner, se réconcilier et aussi, pour ce qui nous concerne maintenant, dire adieu. Remarquez que lorsque vient le moment de dire adieu, il faut parfois avoir franchi ces autres passages que je viens juste d'énumérer. Tout cela laisse entrevoir qu'il n'est pas si simple de dire adieu. Tellement que je me demande encore, après toutes ces années, si les adieux doivent être explicites. Encore une fois, comme on dit, ça dépend.

Une parenthèse s'impose ici pour aborder une situation très fréquente que les anglophones appellent *unfinished business*. Cela nous arrive à tous, plus ou moins fréquemment. Il se trouve, dans nos vies et relations, que des conflits, des malentendus, des non-dits, des chicanes, qui durent parfois depuis longtemps, soient restés non résolus. Ces affaires pas finies peuvent parfois compliquer les possibilités d'adieux. Ça bloque et en bout de ligne, ça finit par prendre des proportions qui dépassent l'importance du problème originel.

WILLIAM

Je pense à Véronique, une jeune femme dans la trentaine, belle et brillante, que la maladie rongeait sans relâche et dont le sort était malheureusement prévisible. J'avais avec elle et son mari, une relation franche et très ouverte. Véronique était véritablement très malade, en phase terminale évidente. Son mari, William, me dit à plusieurs reprises qu'il ne comprenait pas comment il se faisait qu'elle s'accrochait ainsi à une vie dépourvue de qualité. Tout à fait intuitivement, je demandai à William s'il croyait que Véronique pût être aux prises avec des affaires non résolues. Il me dit qu'il allait aborder cette question avec elle et le fit devant moi. Sans grande surprise, Véronique nous révéla qu'elle avait en effet une affaire pas réglée avec sa mère. Seule avec moi, elle m'apprit que sa mère la boudait parce qu'elle avait épousé un Anglais, protestant de surcroît. Cela durait depuis presque dix ans. Sa mère n'était même pas venue à ses noces. Véronique me demanda de contacter sa mère et d'être là si elle

acceptait de la rencontrer. Ce ne fut pas exactement
facile de convaincre la mère, boudeuse, qui avait,
comme elle disait, « une crotte sur le cœur ».
Lorsqu'elle eût bien exprimé sa colère et qu'elle com-
prit qu'elle se retrouverait seule avec « sa crotte sur
le cœur » une fois sa fille partie, elle accepta la ren-
contre. L'entrevue fut très touchante. Dès le début,
Véronique s'adressa à sa mère en l'appelant
« maman » et courageusement, lui demanda pardon
de lui avoir causé de la peine par son mariage.
Moment de grâce, je crois, la mère, touchée de voir
sa fille si malade et décharnée, refusa sa demande
de pardon et lui demanda le sien pour avoir été si
« boquée ». La réconciliation se fit, et je les ai lais-
sées seules un long moment. J'ai revu la maman
après la rencontre, apaisée et je dirais heureuse
d'avoir renoué avec sa fille, même in extremis. Elle
a même parlé à William ensuite. Véronique est
décédée le lendemain.

Les adieux sont très souvent plus implicites et discrets qu'explicites. Je ne crois pas qu'il y ait de recette du bien mourir. Chacun écrit la sienne.

Pour autant que je peux me souvenir, je dirais
que les adieux sont très souvent plus implicites
et discrets qu'explicites, probablement parce
que les adieux sont une démarche délicate qui
exige beaucoup de pudeur et éveille beaucoup
de timidité. Les adieux ne sont pas toujours
aussi explicites, en tout cas, que dans l'histoire
de Véronique. J'ai tendance à penser que
quand ils le sont, ils servent, pour autant qu'il
est possible de l'affirmer, davantage ceux qui
vont rester que celui qui va partir. J'en suis
donc venu à me questionner sur leur perti-
nence dans la mesure où, en cette matière en

tout cas, il faut, je crois, se méfier des absolus, des impératifs incontournables. Je ne crois pas qu'il y ait de chemin idéal. Je ne crois pas qu'il y ait de recette du bien mourir. Chacun écrit la sienne. C'est sans doute déroutant, vous êtes peut-être déçu que je ne vous donne pas la clé, mais c'est ainsi que je vois les choses. Soyons francs : ici, l'enjeu est davantage la possibilité de vous assurer un deuil réussi et paisible, que d'assurer une mort paisible à la personne qui va quitter. Je vous dirais, ainsi que beaucoup d'autres exemples pourraient le souligner, qu'il arrive assez fréquemment que la personne qui va mourir se montre, en matière d'adieux, d'une grande générosité envers ceux qui vont rester et qu'elle leur fasse en quelque sorte un cadeau d'adieu.

Toutes les personnes impliquées dans ce qui se passe ici sont porteuses d'un bagage historique qui s'est constitué à la faveur des événements de leur vie et de leurs relations. Ce bagage a été coloré par un grand nombre de facteurs qui sont au cœur des relations interpersonnelles, comme les affrontements, les discordes, les attentes, les déceptions, les attachements plus ou moins intenses. Et une fois constitué, ce bagage va aussi déterminer la suite de nos relations et la façon, dans le cas qui nous occupe, de dire adieu. Je reviendrai à la question des adieux comme tel un peu plus loin. Mais avant, il me paraît incontournable de parler de l'amour qui vous unit à cette personne.

Je ne connais personne qui ne souhaite pas se faire dire : « je t'aime ». J'en ai rencontré, dans l'exercice de ma profession qui ont attendu toute leur vie que cette phrase leur soit dite. Et pas nécessairement d'un amoureux, ou d'une conjointe. J'ai connu des personnes qui ont attendu un « je t'aime » de leur mère, de leur père, de leur enfant. Étonnant, mais vrai. Certains d'entre nous sont ainsi curieusement faits qu'ils ont du mal à dire simplement : « je t'aime ». D'autres n'ont pas cette difficulté. J'aurais pu écrire ces mots dans n'importe lequel des chapitres précédents. Hélas, des situations très douloureuses surviennent lorsqu'on s'aperçoit tardivement qu'on n'a pas su, tout au long de cette terrible maladie, dire : « je t'aime ». Il arrive malheureusement aussi que des parents meurent sans jamais avoir dit à leur enfant : « je t'aime ». Croyez-moi, ça existe. Et parfois, il s'agit d'enfants qui ont depuis longtemps quitté l'enfance. Ou à l'inverse, j'ai rencontré des personnes qui voient mourir un proche et sont incapables de dire : « je t'aime ». Dans tous les cas, qu'il s'agisse de le dire ou de se le faire dire, le bien que cela fait est immense. Quand quelqu'un reste sur sa faim à ce propos, que son espoir est déçu, cela laisse des traces parfois indélébiles. Chez les survivants en tout cas. Si vous aimez vraiment cette personne que vous accompagnez, en plus de lui démontrer votre amour, dites-le lui. N'attendez pas trop. Dites-le tôt et souvent. Vous en ressentirez, et elle aussi, un grand réconfort. C'est garanti.

> **Si vous aimez vraiment cette personne que vous accompagnez, en plus de lui démontrer votre amour, dites-le lui. N'attendez pas trop.**

> Je m'inquiète pour ceux d'entre vous qui seraient exposés aux pressions extérieures de proches, amis ou gourous de toute espèce, vous incitant à faire des adieux « comme dans le livre ».

Il arrive parfois que les adieux – et je vous mets ici encore en garde contre l'idéalisation que prônent certains d'adieux qui seraient clairs et formels – il arrive donc que les adieux explicites ne soient pas possibles. En revanche, et cette avenue est pour certains tout à fait satisfaisante, les adieux peuvent aussi se faire à l'intérieur de soi, un peu comme le deuil peut se vivre de manière très intérieure et intime. Pour tout dire, je m'inquiète pour ceux d'entre vous qui seraient exposés aux pressions extérieures de proches, amis ou gourous de toute espèce, vous incitant à faire des adieux « comme dans le livre ». En passant, permettez que je dise que de tous les livres, y compris celui-ci, le plus juste sera toujours celui que vous écrirez, celui qui colle à votre vécu et à la relation que vous avez avec ce proche qui va partir. J'insiste là-dessus parce que j'en ai connu qui, parce qu'ils n'y étaient pas arrivés, parce qu'ils ne s'étaient pas conformés au « livre », se sont retrouvés aux prises avec une culpabilité aussi inutile que non méritée qui a rendu leur deuil beaucoup plus difficile.

Je suis d'avis que la conduite à adopter en ces circonstances vous sera dictée par la juste connaissance que vous avez du genre de relation que vous entretenez avec cette personne, par votre amour pour elle et par l'aisance que vous ressentez, ou pas, à faire des adieux. Si vous avez une confiance raisonnable que les choses importantes ont été dites au fil des ans, vous pourrez sans doute laisser partir la personne sans sombrer dans les remords et les regrets que ressentent ceux qui ont le sentiment que des choses importantes sont restées en plan. Pourquoi ne pas admettre simplement, bien que douloureusement, que dans certaines relations, il sera malheureusement impossible de défaire ce qui a été fait, qui s'est enkysté depuis des années, et qu'on ne peut pas, sur le tard, reconstruire ce qui a été détruit.

Pourtant, parfois, contre toute attente, alors que les circonstances annonçaient le contraire, des moments de grâce inattendus se produisent.

Cet homme veillait sa femme qu'il avait épousée trente ans auparavant et qui était mourante. Au cours d'une de mes visites au chevet de madame, Vincent me raconta en aparté que depuis au moins vingt ans, son épouse l'accusait d'infidélité. Infidélité qu'il niait. « Le pire, me dit-il, c'est qu'elle va mourir, et moi je vais rester avec cette accusation pour le reste de ma vie. » Il était authentiquement désespéré. Quelques jours plus tard, de manière – un peu trop? – audacieuse, alors que j'étais seul à parler avec madame, je risquai : « parfois, certaines personnes ont un secret qu'elles n'ont jamais révélé. Vous? Avez-vous un secret? » Et elle me répondit que son secret était qu'elle avait faussement accusé son mari d'infidélité, qu'elle savait que c'était faux et qu'elle ne voyait plus comment s'en sortir. La relation que j'avais avec elle m'autorisa alors à lui dire simplement que comme elle allait partir – ce

un proche gravement malade

121

*qu'elle savait bien, du reste –, ce serait un beau
cadeau à faire à son mari que de lui dire son secret.
J'ai offert d'être là si elle jugeait que ce serait plus
facile ainsi. Elle me répondit qu'elle allait y réfléchir. Le jour où elle est décédée, son mari m'a fait
demander pour me dire que sa femme lui avait
avoué son tort deux jours avant sa mort. Et il m'a
dit cette chose que je n'oublierai jamais : « nous
avons même eu le temps de redevenir amoureux,
je crois. » Cet homme avait retrouvé in extremis
un apaisement très longtemps espéré et auquel il
n'osait plus croire.*

Voilà donc des mois, voire des années, que
votre sensibilité a été mise à contribution sans
relâche et que vous avez accompagné, toutes
antennes sorties pour voir et entendre ce qui
se tramait, cette personne qui a souffert,
comme vous aussi avez souffert. Quand je
parle de souffrance, je ne parle pas seulement
de douleur physique, ainsi que je l'ai fait précé-
demment. Je parle d'une douleur qui touche la
personne dans tout son être : physique, psychologique, moral et spirituel. Vous savez sans
doute que nous ne sommes pas que des êtres
physiques et psychologiques. Nous avons une
dimension sociale, familiale. Nous tenons un
rôle professionnel et social. La souffrance, la
douleur totale, ainsi que nous l'appelons en
milieux de soins palliatifs, affecte donc l'ensemble des facettes de la personne et, vous le
savez maintenant, ses proches aussi. La souffrance a de longs tentacules. Force nous est de

reconnaître, même si de beaux moments se sont insinués, qu'elle demeure au centre de tout cela. Et parfois, la question des adieux n'est pas sans l'accroître.

Et la mort ? Faut-il en parler avec la personne que vous aimez ? Faut-il aller au devant de cette question ? Voilà encore un sujet bien délicat. Nous ressentons tous de l'inconfort devant l'éventualité de notre propre mort et de celle de ceux que nous aimons. Même les plus froids, lucides ou cyniques d'entre nous, quand il ne s'agit plus de discuter intellectuellement autour d'un verre de vin de la mort théorique, ont des frissons quand elle devient plus réelle, imminente. Je sais qu'il y a des écrits qui tracent un chemin idéalisé de la bonne et belle mort, pour ainsi dire, et qui prônent que ce chemin implique d'aborder directement la question avec le mourant.

Je me souviens d'une jeune patiente dans la vingtaine, Zoé, qui avait été dévastée puis très en colère contre un jeune professionnel soignant qui faisait ses premiers pas en accompagnement des mourants et qui venait tout juste de quitter ses livres. Il s'était présenté à son chevet en lui demandant comment elle se sentait à l'idée de mourir! Zoé était si furieuse qu'elle demanda de ne plus jamais voir cette personne.

Je crois pour ma part que délicatesse et nuance s'imposent. D'une part, il est bien certain que d'en parler, lorsque et si l'occasion se présente, ne va pas accélérer la mort ni dévaster la personne mourante. D'autre part, il n'est pas donné à tout le monde de pouvoir en parler, et encore moins d'en parler bien et beaucoup. Ça se trouve, mais ce n'est ni assuré, ni nécessaire. Au fond, ce que j'essaie de vous dire, c'est que si la personne mourante a envie d'en parler, ressent le besoin d'en parler ou encore est suffisamment confiante que ses propos seront accueillis, alors là, il vous faudra des antennes très sensibles et très bien déployées pour saisir ce moment, qui est parfois très court, très fugace. Il dépendra de votre sensibilité, de votre propre capacité à recevoir ces propos et à surmonter votre peine pour que cet instant de grande confidence et d'intimité soit, si l'on peut utiliser ce terme, réussi.

Par ailleurs, il peut bien arriver qu'entre vous deux, ce moment n'arrive jamais. Cela ne veut pas dire pour autant qu'il n'arrivera pas du tout. Le malade pourra très bien en avoir parlé avec quelqu'un d'autre.

> Si la personne mourante a envie de parler de la mort, il vous faudra des antennes très sensibles et très bien déployées pour saisir ce moment, qui est parfois très court, très fugace.

vivre avec...

LA COIFFEUSE

Au cours de notre réunion hebdomadaire d'équipe où nous discutions des patients hospitalisés, mon collègue généraliste qui avait la charge des patients signalait qu'il n'avait pas encore entendu Xavier parler une seule fois de la mort, alors qu'il était « très au courant de la situation », ce que confirmaient les infirmières. Notre coiffeuse bénévole nous annonça qu'à elle, il en avait parlé plus d'une fois et qu'à son point de vue, il savait très bien ce qui allait venir et en parlait avec une certaine sérénité.

Une dernière question, celle des enfants. Ici encore, il faut tenir compte tout autant de l'âge des enfants que des différences de caractère à l'intérieur d'une même famille. Je ne crois pas qu'il faille *a priori* tenir pour acquis que les enfants soient trop fragiles et qu'il faille les ménager. Je ne me souviens pas de situation où des enfants, tous âges confondus, soient restés traumatisés par la connaissance de la mort de leur parent. Au contraire, j'en ai vu qui étaient fort fâchés qu'on leur ait menti. Je dirais surtout qu'il faut respecter nos enfants dans leur individualité. Si un enfant ne se sent pas capable de faire face à une situation d'adieux et d'entrer dans la chambre d'un parent mourant, je pense qu'il vaut mieux laisser faire. Si, par ailleurs il demande à ce que vous soyez avec lui, c'est une bonne idée. Ainsi que je le suggérais pour vous-même, je vous soumets que vous avez sans doute raison de croire que vos enfants sont aussi porteurs d'un bagage émotionnel relatif à cette personne et que dans cette situation difficile, à terme, leur souplesse, plus grande que la nôtre d'adulte, leur permettra de traverser raisonnablement bien l'épreuve et peut-être aussi de vivre ensuite un deuil normal.

Vous avez, vous et vos proches, vécu avec cette personne qui va mourir des moments difficiles

> Si un enfant ne se sent pas capable de faire face à une situation d'adieux et d'entrer dans la chambre d'un parent mourant, je pense qu'il vaut mieux laisser faire.

au cours des derniers mois ou des dernières années. Vous avez beaucoup donné de vous-même. Sans doute aussi, à la réflexion, avez-vous beaucoup reçu, que vous ne sauriez évaluer maintenant mais qui vous reviendra plus tard. Maintenant, la vie que vous percevez encore chez l'autre, vous vous en rendez compte, n'est plus tellement la même. Le corps, le visage, tout a changé. Vous aussi. Pour certains, ces derniers moments sont vécus comme dans un rêve. Vous pourriez avoir la sensation mêlée de désir que tout cela va changer d'un seul coup et que tout va redevenir comme avant. Quelquefois, si l'agonie est marquée de difficulté respiratoire ou de gémissements qui donnent à penser que les douleurs sont mal contrôlées, vous pourrez sentir l'impatience vous gagner, vouloir que ça finisse plus vite, souhaiter qu'on abrège ses jours. Vous êtes fatigué, épuisé et vous ne pouvez vous empêcher de penser aussi à toutes les responsabilités matérielles et administratives qui s'en viennent. En même temps, vous vous en voulez d'anticiper à ce point. Ce mélange de la réalité brutale de ce qui arrive et de ce qui vient, associé au sentiment irréel et encore présent que « ça ne se peut pas » que ce soit vrai, vous donne le vertige.

Quant à cet événement, le moment de la mort, le moment du dernier souffle, il reste pour nous tous un mystère. Vous avez devant vous cette personne que vous avez aimée, qui va vous manquer, qui ne respire plus, dont le cœur ne bat plus et qui pourtant, dans votre cœur, dans votre âme est encore votre amour, votre mère, votre père, votre enfant, votre collègue. Vous avez en commun une tranche de vie, la sienne et la vôtre et tout cela finit un peu avec sa mort. Votre deuil va se concrétiser, s'il n'est pas déjà commencé.

chapitre 10

Le deuil

« Le deuil, même normal, est une blessure
dont nous guérissons mais qui laisse
en nous des traces, une cicatrice. »

Michel Hanus

La dernière phase d'accompagnement termi-
née, vous avez assisté, de près ou de loin, aux
derniers moments de la personne qui vous
était chère. Peut-être même étiez-vous là au
moment de ses derniers soupirs. Permettez-
moi, dans ce dernier chapitre, de vous parler
du deuil, ses étapes, sa nécessité, et parfois,
ses complications. J'aborderai aussi avec vous
le deuil chez l'enfant car vous aurez peut-être
à traverser cette étape de la vie avec des
enfants.

Quand la mort d'une personne aimée survient
d'une manière inattendue ou accidentelle, les
premiers moments ressemblent à un état de
choc et de désorientation. Nous n'arrivons pas

à croire que ce soit vrai, nous ne le voulons pas, bref nous nions la réalité pourtant irrémédiable et irréversible. La douleur est intense, ça crie fort en nous, la culpabilité et la colère sont souvent au premier plan. Nous pouvons même nous sentir enragé contre le défunt qui nous a abandonné sans prévenir. Nous avons peine à comprendre les circonstances entourant cette mort subite. Il s'agit d'un véritable arrachement, qui est ressenti dans tout l'être, autant moralement que physiquement, car effectivement, des malaises physiques ne sont pas rares du tout en période de deuil.

Par contre, dans le cas des maladies mortelles ou réputées telles dont nous avons parlé dans ce livre, le verdict de la réalité a frappé le plus souvent dès l'annonce du diagnostic initial. Bien que tout au long vous ayiez tenté de nier la mort, un jour les évidences sont venues de toutes parts vous sortir de ce doux déni qui n'aura été que partiellement et temporairement rassurant. L'état de la personne malade allant en s'aggravant, la vérité et la réalité se sont peu à peu imposées. Ainsi, malgré la douleur et la détresse ressenties, vous avez pu anticiper la mort de la personne que vous accompagniez et du fait même, votre deuil aussi a été anticipé. Son travail s'est déjà amorcé. Paradoxalement, vous vous êtes en quelque sorte préparé tout en considérant en tout temps votre proche malade comme vivant.

L'état de choc initial pourra paraître amoindri par une mort attendue. La mort pourra sembler moins radicale. Peut-être serez-vous surpris de vous sentir soulagé par le décès de la personne aimée. Tout cela est vrai, mais cela ne veut pas dire pour autant que toute douleur est absente. Après un long accompagnement, certaines personnes ressentent une paix intérieure, un sentiment d'accomplissement, de sérénité. Quant à la colère souvent ressentie à l'égard du disparu qui nous a laissé derrière, nous l'avons déjà abordée, mais maintenant nous ne pouvons plus lui adresser cette émotion qui dévie parfois et est alors dirigée vers les soignants, le personnel infirmier, le corps médical. Tout cela est normal, entendez-moi bien. Ce deuil que vous entreprenez est nécessaire. Minimiser la peine que vous ressentez ne fera que retarder le deuil et risquerait de le compliquer au long cours. Ne cédez pas aux pressions extérieures qui vous inviteraient à « passer rapidement à autre chose », « à reprendre au plus vite le cours de votre vie », voire même « à vous engager sans trop attendre dans une nouvelle relation amoureuse ».

Quelles que soient vos croyances et vos coutumes, il est important de suivre les rituels du deuil. Les funérailles vous permettent initialement d'être entouré, de pleurer votre peine avec les autres puis seul si vous le désirez. Elles obligent à accepter la consolation et parfois à vous sortir de l'isolement auquel l'accompagnement du mourant vous a peut-être confiné.

> Minimiser la peine que vous ressentez ne fera que retarder le deuil et risquerait de le compliquer au long cours.

un proche gravement malade

131

Les rites funéraires, bien qu'ils ne soient pas les mêmes à travers les diverses cultures, permettent de matérialiser les faits, la réalité de la mort. La vue du cadavre constitue, à mon avis, une étape nécessaire dans la matérialisation de cette réalité. La veille du corps, la préparation du corps, l'embaumement, la crémation ou l'enterrement : tous ces rituels dépendront des circonstances du décès et de la volonté du défunt, mais varieront aussi selon les époques, le statut social de l'individu, ses croyances, les normes culturelles et sociales. N'ayez pas peur du deuil, c'est un hommage à l'amour que vous portez à cette personne.

John Bowlby, un psychanalyste anglais, s'est intéressé aux théories de l'attachement chez l'enfant. Plus tard, il a démontré le lien entre ces modèles d'attachement et les sentiments de chagrin et de perte. Ses écrits revêtent un intérêt historique en ce qu'ils se distinguent du modèle bien connu de Kübler-Ross avec ses 5 stades du « mourir ». Bowlby (1961) décrit quatre phases dans le deuil : un engourdissement initial qui dure de quelques heures à quelques semaines et qui peut être marqué par des accès de colère et de détresse, un languissement et une recherche du défunt pouvant durer de quelques mois à quelques années, une phase de désorganisation et de désespoir, et finalement, une plus ou moins grande réorganisation.

Vous traverserez probablement une période qui ressemble en plusieurs points à ce que les psychiatres qualifient parfois d'état dépressif. Mais attention! N'allez pas croire que je veuille en faire un état pathologique et surtout, n'allez pas confier ce deuil aux bons soins de votre médecin. Pendant plusieurs semaines, peut-être même plusieurs mois, vous vous sentirez las, avec une baisse marquée d'intérêt. Triste et replié sur vous-même, vous serez par moments incapable d'éprouver du plaisir. Il pourra vous arriver de ressentir encore de la colère, du mépris, de l'agressivité, ou de vous dévaloriser. Vous pourriez ressentir parfois une culpabilité excessive et inappropriée liée aux sentiments ambivalents que vous avez pu éprouver en accompagnant la personne qui vous était si chère mais que vous avez peut-être souhaité voir mourir lors de moments de lassitude et de découragement.

Certaines personnes m'ont rapporté avoir entendu la personne défunte ou encore l'avoir vue. Elles décrivent une sensation bizarre de présence, détectent des odeurs rappelant la personne disparue. Vous rêverez presque certainement de la personne qui vous était si précieuse et si chère. À cette étape de votre deuil, les rêves que vous ferez d'elle seront des rêves où elle est vivante. Il faudra un deuil plus avancé pour intégrer la réalité de la mort même dans le rêve.

un proche gravement malade

Je dois aussi mentionner le désir que certains endeuillés ont d'aller rejoindre l'être aimé en négligeant leur santé, voire même plus radicalement en pensant au suicide. Nous aborderons ces sujets plus délicats dans les complications liées au deuil.

Vous vous demandez peut-être comment savoir que le deuil est résolu ou en voie de résolution. Je vous répondrais spontanément que vous vous sentirez comme une petite fleur au printemps. Quelque chose en vous va éclore. Vous vous apercevrez que vous devenez plus ouvert à la lumière des autres, à leur présence. Vous accepterez de sortir davantage, de fréquenter à nouveau vos amis, rechercherez peut-être même à créer de nouveaux liens d'amitié. Vous recommencerez à vous tourner davantage vers l'avenir, vous élaborerez des projets. Si vous avez conservé les vêtements ou autres objets personnels du défunt, vous serez capable de vous en défaire sans trop de déchirement. Vous aurez envie de vivre. Tout comme cela prend plusieurs semaines à la fleur printanière à acquérir toute sa beauté et sa maturité, il en sera de même de votre vie nouvelle. Il s'agit d'un processus évolutif, d'une lente progression. Les rêves vivaces et récurrents, les pensées presque intrusives ne seront plus que de doux souvenirs. Il y aura sur votre visage une esquisse de sourire et non plus que des larmes. Certains moments seront plus douloureux : la date anniversaire de la perte de la personne aimée, de même que le premier Noël, la première Hanoukka, le premier Ramadan, le premier anniversaire de naissance.

Je voudrais aussi vous mettre en garde contre la tentation de vous investir affectivement rapidement et précocement dans une relation significative ou qui du moins vous paraîtrait au premier abord comme significative. L'expérience nous permet d'avancer que de telles tentatives risquent d'entraver le travail de deuil plutôt que de le terminer. Il s'agit le plus souvent d'une relation substitutive plus que d'un véritable investissement amoureux.

Certains d'entre vous devrez traverser cette épreuve avec des enfants. Ils auront perdu un père, une mère, un frère ou une sœur ou de plus loin, un grand-parent. Non seulement avez-vous accompagné la personne chère, mais vous avez aussi été proche de ces enfants. Vous leur avez expliqué la maladie avec les mots appropriés à leur âge, vous les avez rassurés, écoutés, consolés. Ensemble vous avez cultivé l'espoir, ensemble vous avez été tour à tour déçus, déchirés, inquiets, soulagés. La mort venue, vous êtes probablement repassé par toute cette gamme d'émotions. C'est normal. Il est difficile de devoir rassurer les enfants et répondre à leurs innombrables questions tout en vivant ses propres émotions intenses. Votre propre chagrin et vos propres préoccupations au moment du décès de l'être cher

> Il est difficile de devoir rassurer les enfants et répondre à leurs innombrables questions tout en vivant ses propres émotions intenses.

> Il n'est ni possible ni souhaitable de cacher la mort à un enfant. La mort fait partie de la vie.

pourraient vous rendre moins réceptif et moins attentif aux besoins de l'enfant. Je dois aussi vous dire que vous y parviendrez seulement en apprivoisant vos propres angoisses face à la mort. Votre attitude sera alors plus naturelle.

On le sait, les enfants sont naturels et sont de grands livres ouverts. Ils ont généralement cette candeur qui leur permet d'exprimer, avec ou sans mots, leurs émotions. Il faut savoir qu'en fonction de leur âge et de leur stade de développement, ils réagiront différemment. Plusieurs ouvrages ont été écrits sur le sujet. Ce que je retiens avant tout, c'est qu'il n'est ni possible ni souhaitable de cacher la mort à un enfant. La mort fait partie de la vie. Comme à chacune des étapes que vous avez traversées ensemble jusqu'au décès de l'être cher, je vous invite à être transparent, honnête et franc avec vos enfants.

Je me permets de vous donner quelques pistes de réflexion. Bowlby nous prévient que le jeune enfant tentera d'abord de retrouver la figure d'attachement en protestant énergiquement. Cette phase sera suivie de désespoir d'y parvenir et finalement, l'enfant arrivera à un détachement émotionnel de sa figure d'attachement. Ces phases surviennent tant dans les expériences de séparations temporaires que dans les pertes définitives telle la mort. En ce qui a trait plus spécifiquement à l'enfant âgé de moins de deux ans, le concept de mort est relativement abstrait, car l'enfant n'a pas de notion de permanence. S'il est âgé de deux à cinq ans, il aura sans doute déjà été exposé à la mort de diverses façons, soit par la mort d'un animal de compagnie, d'un super héros à la télévision, de la petite libellule qu'il aura attrapée dans son filet. C'est l'âge de la pensée magique et pour l'enfant, tout tourne autour de lui. Par conséquent, il peut lui arriver de se sentir responsable de cette mort ou encore, d'être angoissé à la pensée que lui-même pourrait mourir. De plus, l'enfant a une compréhension très littérale des mots, c'est pour cette raison que je vous invite à les choisir avec beaucoup de prudence. Il est préférable d'être précis. « Maman est malade. Elle a un cancer. Ce n'est pas ta faute. »

Au décès de la maman, il faut encore être franc et ne pas utiliser des discours tels : « maman est endormie pour toujours, maman est partie pour un long voyage, ou encore Jésus avait besoin d'elle et est venu la chercher. » Nul besoin d'élaborer sur les conséquences qui pourraient découler de telles formulations : troubles du sommeil, sentiments de colère et d'abandon, ou protestation de l'enfant qui lui aussi a besoin de sa maman, certainement plus que Jésus, en tout cas. L'enfant de cet âge doit lui aussi pouvoir vivre son deuil. Il faudra accéder à sa demande s'il veut être présent aux funérailles. Il faudra aussi comprendre qu'il

> Si vous vous permettez de partager ce que vous ressentez, l'enfant pourra se laisser aller plus librement et en toute confiance.

n'est pas indifférent s'il continue à jouer, à rire, dessiner ou danser comme si rien ne s'était passé. Il faudra apprendre à décoder ses actes s'il devient agressif, hyperactif, boudeur ou s'il semble régresser. Quant à l'enfant de cinq à huit ans, il conceptualise la mort plus clairement et par conséquent vivra aussi un deuil. Les réactions des enfants plus âgés, entre huit et douze ans, seront très proches de celles de l'adulte. Il sera donc d'autant plus important d'être transparent, de permettre à l'enfant de prendre modèle sur vous. Si vous êtes fermé et ne laissez pas transparaître vos propres émotions, il y a bien des chances que votre enfant fasse de même et comprenne qu'il est préférable de se soumettre à la loi du silence. Par contre, si vous vous permettez de partager ce que vous ressentez, l'enfant pourra se laisser aller plus librement et en toute confiance.

Un dernier point. Les enfants sont rassurés par la routine. Ainsi, je vous recommande fortement de maintenir la fréquentation scolaire tout en avisant les professeurs et la direction que l'enfant vit des moments difficiles. Les activités sportives, culturelles, sociales devraient aussi être maintenues dans la mesure du possible. L'enfant sera ainsi rassuré. Il se peut que peu importe son âge, votre enfant régresse. À titre d'exemple, un enfant déjà entraîné pour la toilette reviendra aux couches, l'enfant aura de moins bons résultats scolaires, ou il pourra revenir à un niveau de langage que vous ne lui connaissiez plus. L'enfant inquiet ou préoccupé pourra aussi présenter différents maux au lieu d'utiliser des mots pour vous faire comprendre que ça ne va pas : il pourra avoir mal au ventre, à la tête, avoir des nausées. Encore une fois, à vous de juger de la situation. Vous connaissez bien votre enfant et saurez bien s'il doit être amené devant son pédiatre ou non. Une conversation franche au moment opportun vient parfois à bout des pires maux de ventre.

Nous arrivons maintenant au moment où je dois vous glisser un mot à propos du deuil compliqué ou pathologique. Ce sujet pourrait d'emblée faire l'objet d'un chapitre en soi mais j'ai choisi d'aller à l'essentiel et de concentrer mon attention sur le deuil normal puisque la plupart d'entre vous le vivrez ainsi. Le deuil compliqué relève d'une perturbation du processus de deuil normal. C'est le deuil qui est absent ou retardé dans le temps, celui qui est plus intense que ce à quoi on s'attendrait, ou encore le deuil qui reste, malgré le temps, inachevé. Le facteur temps n'est pas très important à mon avis, même si bien des spécialistes croient que s'il se prolonge au delà d'une année, on devrait déjà évoquer un deuil compliqué. Laissez-moi vous rassurer tout de suite. Le deuil pathologique se caractérise, la plupart du temps, par la survenue d'un trouble psychiatrique qui entrave son processus. On parle ici de dépression majeure, de manie, d'un

> Le deuil compliqué, c'est celui qui est absent ou retardé dans le temps, celui qui est plus intense que ce à quoi on s'attendrait, ou encore le deuil qui reste, malgré le temps, inachevé.

trouble anxieux ou de psychose. Rassurez-vous : la plupart de ces entités cliniques sur-viennent le plus souvent chez des gens déjà prédisposés ou des gens avec des antécédents psychiatriques.

Quels sont donc les éléments qui peuvent ren-dre un deuil compliqué ? Tout d'abord, tel que mentionné en début de chapitre, le caractère inattendu ou violent du décès. Puis, les cas où le cadavre n'est pas retrouvé. Il est alors beau-coup plus difficile de reconnaître la mort, d'en matérialiser la réalité et par conséquent d'amorcer un deuil. Un autre cas est celui où la mort n'est pas reconnue ou est entourée d'un tabou comme c'est encore parfois le cas avec une maladie telle le VIH/SIDA ou lorsque la mort résulte d'un suicide. Comme vous pou-vez le constater, il y a des deuils qui se compli-quent de par les circonstances entourant le décès et la nature même de la maladie l'ayant causé.

D'autres facteurs de risques associés au deuil pathologique relèvent davantage de la person-nalité de la personne que vous avez accompa-gnée, des caractéristiques de votre propre per-sonnalité et de la nature de votre relation. À titre d'exemple, l'âge du disparu ainsi que l'âge de l'endeuillé peuvent contribuer à rendre le deuil plus compliqué. Dans le cas du décès d'une jeune personne, le deuil est parfois plus difficile à résoudre. L'arrachement d'un enfant est toujours très douloureux. Il en va de même de l'âge de l'endeuillé. Un enfant ou un adolescent pourra avoir plus de mal qu'un adulte à passer à travers le processus normal du deuil lorsqu'il perd une maman ou un papa.

Outre l'âge, la nature de la relation entre le défunt et les personnes qui restent derrière est un facteur significatif. Si votre lien d'attachement était fusionnel, votre deuil sera probablement compliqué. Il est impossible pour deux êtres inséparables de concevoir être séparés un jour et encore pire, de pouvoir vivre une vie tout à fait autonome sans l'autre. Si vous aviez une relation ambivalente avec la personne décédée, votre deuil risque aussi d'être plus ardu. Les conflits que vous avez pu entretenir avec cette personne refont surface et viendront vous hanter. Comme nous l'avons déjà mentionné, ce qui est le plus douloureux est souvent la culpabilité que vous avez pu ressentir au moment du décès de la personne que vous accompagniez à cause des conflits du passé et qui peuvent être restés non résolus. Vous avez pourtant certainement connu plusieurs rapprochements très significatifs et apaisants avec cette même personne. Ainsi, lorsqu'elle meurt, vos sentiments peuvent être confus, allant de l'agressivité à la colère, en passant par le mépris et paradoxalement l'idéalisation de cette personne avec qui vous avez entretenu une relation ambivalente, que ce soit un ami, une sœur ou un frère, voire même un parent

> Outre l'âge, la nature de la relation entre le défunt et les personnes qui restent derrière est un facteur significatif dans un deuil compliqué.

ou un conjoint. Les personnes dépendantes tendent aussi à avoir des deuils pathologiques, ayant perdu leur seule raison de vivre.

Il pourrait encore arriver que la personne que vous avez accompagnée meure à un moment de votre vie où vous êtes plus fragile, où vous traversez une période de crise qui se surajoute aux difficultés inhérentes à celles de l'accompagnement puis ultimement du décès. Vous pourriez vous-même souffrir d'une maladie physique. Il est bien documenté qu'une période de stress intense comme le décès d'une personne aimée peut entraîner un déséquilibre à propos de certaines maladies physiques déjà existantes ou d'une affection dont la personne ne se savait pas porteuse jusque là. Vous aurez peut-être négligé votre santé, été moins assidu à vos rendez-vous ou moins bien observé vos propres traitements. Peut-être souffrez-vous d'une maladie psychiatrique déjà connue qui risque elle aussi de décompenser ou de se compliquer.

Votre situation sociale pourrait également compliquer le processus de deuil. Le fait de ne pas avoir de soutien et d'être isolé socialement expose à connaître un deuil difficile. Peut-être serez-vous tenté de compenser cette absence de réconfort en faisant un usage abusif de substances comme l'alcool, les drogues ou les médicaments d'ordonnance. Certaines personnes souffrant de troubles alimentaires comme l'anorexie ou la boulimie deviendront plus symptomatiques. D'autres encore s'adonneront au jeu pathologique ou sombreront dans la délinquance.

Nous devons revenir ici sur un sujet délicat mais inévitable : le suicide. Certaines personnes endeuillées ont des fantasmes de réunion avec l'être aimé qu'elles ont accompagné. Le grand vide laissé par l'absence du défunt, la solitude émotionnelle, les comportements d'abus de substances qu'elles peuvent avoir développés sont autant de facteurs de risque exposant à un agir suicidaire. Vous ne serez pas surpris si je vous dis que les hommes sont ici plus à risque. Le veuvage entraîne souvent de nouvelles responsabilités et de nouveaux enjeux tant sur le plan personnel que social ou financier. Votre mode de vie sera modifié, vos moyens financiers ne seront peut être plus les mêmes maintenant que vous ne vivez plus à deux.

Le cours de votre vie a véritablement changé depuis que vous avez accompagné avec le meilleur de vous-même cette personne qui allait mourir. C'était une trajectoire non prévue. Après une telle épreuve, il restera à l'intérieur de vous l'empreinte de ce que vous aurez assimilé (introjecté) de cette personne. Aussi, et surtout, une partie de vous-même sera

un proche gravement malade

143

modifiée, avec laquelle vous vivrez encore longtemps. Khalil Gibran écrivait ceci : « *Vous voudriez connaître le secret de la mort. Mais comment le trouverez-vous sinon en le cherchant dans le cœur de la vie ?* »

Regardez en avant. Soyez sensible aux douceurs de la vie. Réapprenez lentement à mordre dans cette vie. Et laissez-vous inspirer par ceux qui restent.

Vous aurez constaté que certains sujets ont été peu abordés ou carrément laissés de côté : je pense notamment aux enfants gravement malades et aussi aux malades psychiatriques gravement malades. Ces deux sujets, très pertinents et importants, pourraient à eux seuls faire l'objet de livres comme celui-ci, tant il est exigeant de « vivre avec » de si grands malades. Les questions du suicide assisté et de l'euthanasie, qui nous concernent tous, ont aussi été laissées de côté. Elles sont, je crois, abondamment traitées dans nombre d'ouvrages spécialisés et d'articles de presse. Plutôt que de les survoler ou les effleurer, et parce qu'il s'agit de questions qui nécessitent de longues élaborations, j'ai cru préférable de les ignorer.

Autres titres de la collection

Vivre avec
un proche impulsif, intense, instable
Sandra D'Auteuil, infimière psychiatrique
Caroline Lafond, travailleuse sociale

Vivre avec
un enfant qui dérange
Dr Gille Julien, pédiatre

Vivre avec
l'homosexualité de son enfant
Sylvie Giasson, auteure et conférencière

Consultez le site consacré aux ouvrages de la collection
www.bayardlivres.ca/vivreavec

À vous la parole

Vous avez aimé ce livre ?

Vous avez des commentaires
ou des suggestions à nous faire ?

Écrivez-nous à
edition@bayard-inc.com